O RETORNO DO MITO
A racionalidade mito-simbólica

JOSÉ MARÍA MARDONES

O RETORNO DO MITO
A racionalidade mito-simbólica

Tradução
Anselmo Borges

ALMEDINA

TÍTULO
O RETORNO DO MITO
A racionalidade mito-simbólica

AUTOR
JOSÉ MARÍA MARDONES

TRADUÇÃO
ANSELMO BORGES

EDITOR
EDIÇÕES ALMEDINA, SA
Rua da Estrela, n.º 6
3000-161 Coimbra
Telef.: 239 851 904
Fax: 239 851 901
www.almedina.net
editora@almedina.net

EXECUÇÃO GRÁFICA
G.C. – GRÁFICA DE COIMBRA, LDA.
Palheira – Assafarge
3001-453 Coimbra
producao@graficadecoimbra.pt

Abril, 2005

DEPÓSITO LEGAL
225945/05

Toda a reprodução desta obra, por fotocópia ou outro qualquer processo,
sem prévia autorização escrita do Editor,
é ilícita e passível de procedimento judicial contra o infractor.

PRÓLOGO À EDIÇÃO PORTUGUESA

O mito é constitutivo da condição humana. Para lá das modas, o mito quer alcançar o centro da existência humana e da realidade em que habita. Pretende dar conta das tensões que percorrem a vida do homem: a sua contingência e o seu excesso, a sua finitude e a sua ânsia de eternidade, a sua complexidade existencial e o seu desejo de claridade, a sua culpa e a sua inocência. O mito tende, além disso, a suturar a ferida que o ser humano carrega neste mundo. Descobrimo-nos não só falíveis no pensamento, mas também na acção e nas relações. Vivemo-nos fracturados e cindidos, e, por isso mesmo, dolentes, por causa da dor recebida e causada. Precisamos de saltar por cima destas cisões e viver sob o sinal do sentido e do acolhimento, da unidade e da realização. Somos um grito e uma ânsia de plenitude e de felicidade que nos escapam. O mito é uma linguagem simbólica em forma de narrativa que nos permite dar o salto e estabelecer a ponte de união com o outro lado daquilo por que ansiamos. O mito apresenta-se-nos assim com uma inevitável vocação reveladora do que somos e ao mesmo tempo com uma função religadora com essa terra ignota e desejada onde habita a plenitude. O mito tem pretensão de transcendência.

O mito exerce esta função radicalmente fundamentadora no modo de uma narrativa simbólica. Introduz as vicissitudes da vida humana num fio condutor que tem princípio e fim, posicionamento do problema e desenlace. Deste modo, a experiência humana adquire sentido, vê-se enlaçada nos seus momentos e nada fica abandonado no caminho. O decurso da vida obtém significado e corresponde a uma intenção ou porquê. Os argumentos e razões dão-se de forma intuitiva, visualizando o próprio processo da vida à luz de certas personagens, de um drama. A função etiológica do mito dá-se na própria abertura do narrado, no como dos acontecimentos que se narram.

O mito é uma narrativa exemplar. O mito confronta-nos com histórias exemplares. À sua luz a nossa própria história e a história da humanidade iluminam-se. Daí a tendência natural do mito para os tempos originários, para o tempo que condensa todos os tempos, para as personagens que representam todos os homens e qualquer um, com as suas quedas e superações. O mito move-se no reino do arquetípico, do universal concreto. O mito efabula, para alcançar o primordial e dar conta deste presente e do futuro que vem.

Quereria que esta breve evocação do que Paul Ricoeur chamaria a tríplice função do mito – a universalidade concreta, a orientação temporal e a exploração ontológica —, servisse para sugerir aos meus leitores em português a importância do mito para lá ou para cá dos vaivéns das modas intelectuais.

Num sentido profundo, não há, portanto, superação do mito. O mito não passa de moda, não vem nem vai embora, não retorna nem se oculta. Um objectivo muito elementar e modesto deste ensaio é procurar mostrar que o mito não corresponde a uma moda, mas à estrutura ou condição humana. "O retorno do mito" – esta forma de exprimir-se indica o modo como nós vivemos a nossa relação com o mito. O leitor compreenderá assim melhor o que o título deste livro tem de conjuntural e para o que realmente aponta – já sabemos que é o momento que vivemos que dá o tom musical.

Sem dúvida que o facto da actualidade do mito, do polimitismo, nos marca como habitantes de um momento histórico e de uma época cultural necessitada de religações e suturas. Depois de um optimismo de curta duração a seguir à superação da bipolaridade mundial que atravessou o século XX, cedo começámos a fixar-nos, mais do que no "fim da história", no seu lado desgarrado, conflituoso e até trágico. Precisamos de um fio de sutura e de superação.

Temos consciência de que algumas mitologias em moda falharam e precisamos de outras. Não se pode inclusivamente ignorar que por trás de polémicas intelectuais na Europa dos nossos dias sobre o monoteísmo e o politeísmo, o que temos é de confrontar-nos com o desgaste de algumas mitologias e a necessidade de explicar o que nos está a acontecer.

PRÓLOGO À EDIÇÃO PORTUGUESA

A visão bíblica, na passagem do cristianismo através do mundo grego, marcou o imaginário ocidental do homem e do mundo. Com o esmorecimento na Europa da sua simbologia e dos seus rituais, este esgotamento afectou o núcleo da existência intelectual e moral do Ocidente. Pretendeu-se preencher a "morte de Deus" com outras mitologias ou narrativas que dêem sentido completo e totalizante ao homem no mundo. G. Steiner vê nos esforços racionais — do messianismo secular marxista, a viagem ao interior do freudismo, o jardim da antropologia estrutural, ao neognosticismo da New Age e à ciência actual, isto é, nos principais esforços do pensamento efectuados no Ocidente desde o século XIX — uma tentativa de preencher o vazio central deixado pela erosão da simbólica teológica e do dogma cristão. As mitologias actuais, os esforços por proporcionar sentido e explicação para o enigma do homem sobre a terra são uma espécie de *teologia de substituição*.

Poderíamos perguntar-nos, sem qualquer retórica: o que vem depois do cristianismo? Se "Deus morrreu" e já não podemos pensar em fundamentos inconcussos, em absolutos, encontramo-nos num momento do pensamento em que não podemos negar – voltaríamos ao absolutismo – a experiência da crença. A situação actual de desfundamentação e libertação de metafísicas objectivistas é também o fim dos ateísmos filosóficos. Volta a crescer a narrativa simbólica, a intuição poética, a experiência religiosa, a aposta, a conjectura, a confiança esperançada.

Não poderíamos dizer que algo semelhante está a acontecer no mundo da política, com a queda do muro de Berlim e o fim do messianismo político? Não necessita a democracia pluralista e sem pretensas referências metafísicas de uma narrativa de mínima "transcendência"? Em última análise, não precisa a política, como todas as actividades humanas, de um horizonte de referência a partir do qual possa alcançar um sentido?

E que dizer não já perante a instrumentalização da ciência, mas face ao desafio do absolutismo da realidade, fria e despida de referências para lá dela mesma, da ciência e técnica actuais? Não nos surpreende que desde si mesma se esbocem sinais que apontam para outra coisa ou que a própria visão científica se converta em mitologia racional pretensamente desmitologizada da realidade e do ser humano.

Estes breves apontamentos podem servir para mostrar uma situação espiritual propícia ao mito. O retorno do mito inscreve-se neste clima do tempo epocal e nesta atmosfera do pensamento.

Daqui que, prosseguindo os sintomas, a redescoberta do mito nos venha anunciar talvez algo mais sério e profundo para o próprio pensamento: a sua ampliação depois do estreitamento a que o Iluminismo o submeteu. Concretamente, o criticismo ilustrado, argumentador e de tantos modos purificador do pensamento, esqueceu e marginalizou o símbolo. A revolta mítica actual ergue-se contra este reducionismo. Significa uma desocultação do símbolo e da narração simbólica. A modernidade ilustrada pôs de lado a energia simbólica que supera o presente e o simplesmente à mão e nos remete para os reinos do ausente, que só pode ser evocado. Sem esta energia radiante simbólica, o espírito humano fica congelado no dado, no aqui e agora, e perde-se o mundo da interioridade, da arte e da religião, do alheio ao que aparece aí diante, objectualmente. O mundo espiritual é pura e simplesmente liquidado.

Precisamos da irrupção do simbólico para poder aceder aos mundos para lá do empírico e disponível. Este é o ganho que se anuncia nesta actualidade do mítico. Certamente, é uma actualidade não isenta de ambiguidades e perigos. Como em toda a verdadeira descoberta, aqui também nos espreitam as armadilhas e as confusões. O simbólico fica degradado, se se quiser elevar de modo autónomo como uma dimensão racional que, pelo facto de alcançar mundos escondidos e valiosos, pensasse que pode prescindir dos demais aspectos da razão. A razão simbólica é umbrátil e ama as zonas obscuras. Remete-nos para tesouros escondidos e pode ficar fascinada pelo seu brilho obscuro. É neste momento que mais se necessita da vigilância da razão crítica e da argumentação, para nos livrarmos da tentação da coisificação em olhares fixos. A racionalidade mito-simbólica não pode, em última análise, desligar-se da vigilância crítica e argumentadora, sob pena de entrar em desvario.

Talvez seja bom insistir com o leitor português que foi esta a intenção profunda que me guiou no esforço por encontrar algumas chaves da racionalidade que late sob o mito-simbólico. Por um lado, mostrar que este mundo merece respeito e não pode ser tratado como um asilo da irracionalidade. Na compreensão ou menosprezo do mito-simbólico, joga-se a recta compreensão da razão. Uma racionalidade não reduzida, que supere os estreitamentos dos acentos positivistas, e até crítico-ilustrados, encontra na recuperação desta dimensão um passo real para essa transição paradigmática por que muitos autores anseiam e se esforçam por impulsionar. Pensamos que o que Boaventura Sousa Santos, por exemplo, denomina paradigma emergente não se conseguirá sem a assunção e a assimilação da dimensão simbólica.

Por outro lado, não há uma verdadeira recuperação do mito-simbólico sem uma integração com as outras dimensões da razão. Assistimos a algumas manifestações de anti-ilustração e anti-criticismo na tonalidade do nosso tempo que, como vamos vendo, não trazem nada de bom. O símbolo serve neste momento de verdadeiro veículo de irracionalidade e fanatismo. Degrada-se e degrada. A afirmação do simbólico pode enlouquecer, como todas as demais dimensões da razão, quando se esquecem de remeter umas para as outras. Daí o aviso insistente para não desvincular o mito-simbólico da vigilância crítica.

Este aviso tem uma vigência particular no mundo do religioso. Se a recuperação do símbolo significa a reabilitação do mundo estético e religioso, uma insistência unilateral no mesmo conduz a um acriticismo perigoso. Num momento de sincretismos fáceis e em que se eleva a experiência emocional a critério de proximidade do divino, podemos confundir facilmente o Mistério com a obscuridade.

Prossegui o esforço de clarificação iniciado neste ensaio com a *aplicação* subsequente ao caso da religião. O mundo religioso, com o estético e o onírico, é o reino do símbolo. Estou persuadido de que uma recuperação séria e profunda do simbólico dentro da religião cristã traria também um impulso a esta recuperação e cura da razão moderna, e suporia a revitalização da própria religião cristã e de qualquer aventura espiritual digna desse nome.

Por fim, quereria chamar a atenção do leitor para um fenómeno a que estamos submetidos no nosso quotidiano: poderia denominar-se o império da imagem. Nesta hora da globalização, não só económica, mas cultural, o predomínio da imagem é palpável. Tudo é mostrado em imagens, da guerra às partes mais íntimas do corpo humano. Há como que uma ânsia de mostragem total. Ver as coisas, as pessoas, os acontecimentos, o horror e o prazer, pareceria que nos desvela o mais constitutivo do ser humano ou do mal, a felicidade e a raiz dos conflitos políticos e sociais. No entanto, temos a sensação de que quanto mais imagens vemos mais esse núcleo que queremos captar nos escapa. A imagem é tratada como desvelameno do que se oculta e até do não disponível. É neste momento que compreendemos o erro, a armadilha e o engano desta pretensão de suplantar o símbolo por imagens. Pensamos que o positivismo do ver é o modo por onde presentemente desliza e se entroniza massivamente a suplantação do símbolo. Mediante o predomínio ingente do visual, o símbolo fenece e o Mistério desaparece. A avalancha de imagens e mostragens impede, amiúde, de ver a realidade. O que se passa não é apenas que o simulacro e o virtual substituem a própria realidade. O próprio indisponível e não mostrável, não visível, da realidade profunda e do ser humano fica sequestrado.

O perigo actual do predomínio da "civilização da imagem" é a morte do símbolo. Se isto viesse a acontecer neste tempo da imagem, estaríamos perante o obscurecimento do mundo e o desvanecimento do humanismo, por mais brilho que os ecrãs acesos dos nossos computadores, televisores e telefones celulares nos proporcionem.

Digamo-lo no modo mito-simbólico, utilizando uma parábola de Arthur Clarke sobre os 9.000 milhões de Nomes de Deus.

Era uma comunidade de monges tibetanos que tinha como tarefa primordial contar e recopiar os nomes de Deus. O número destes nomes ascendia a 9.000 milhões. No termo desta tarefa, aconteceria o fim do mundo. Assim dizia a profecia. Sucedeu que os monges se cansaram desta contagem sem fim e quiseram acelerar o trabalho artesanal recorrendo aos peritos da IBM. Estes chegaram com os seus potentíssimos computadores da última geração e terminaram o trabalho num mês. Cumprida a sua missão de contagem exaustiva dos nomes de Deus, os técnicos, que não acreditavam muito em profecias nem nos nomes de Deus, decidiram embalar todos os seus instrumentos e quinquilharias e iniciar o regresso para casa. Mas eis que, quando estavam a descer para o vale, começaram a apagar-se o sol e todas as estrelas, uma a uma.

PRÓLOGO À EDIÇÃO PORTUGUESA

Esperemos que nem os técnicos nem os homens dos meios de comunicação acabem com o trabalho simbólico. O que nele está em jogo é a manutenção de um mundo verdadeiramente humano.

Não quero terminar sem apresentar o meu reconhecimento agradecido ao meu amigo e tradutor Anselmo Borges.

Madrid, Janeiro de 2005.

JOSÉ MARÍA MARDONES

INTRODUÇÃO

Este livro trata do mito, essa "coisa obscura e amiga da penumbra", diríamos, utilizando palavras de Feuerbach, referindo-se à religião. No entanto, a atracção pela penumbra é extraordinariamente forte. A muitos permite-lhes afirmar com mais segurança realidades que não se atreveriam a identificar à luz do dia.

Sucede, contudo, que a vida humana está condenada à penumbra. Aristóteles já tinha visto que o ser humano tem olhos nictalopes e não resiste à luz do meio-dia. Estamos condenados à caverna, à luz cinzenta das sombras e penumbras e a dilucidar a realidade "entre duas luzes". O mundo do mito é o mundo do sentido, o âmbito da busca de respostas humanas para um ser que tem a experiência do desgarro e da fractura e de viver num "mundo desconjuntado". Exprimir o que é a realidade e a vida, o porquê da ruptura e da disjunção, e também a reconciliação e o sentido, é a tarefa do mito. Uma velha tarefa que tem vestígios no inconsciente daquele momento distante da evolução humana em que as impressões na imaginação e no pensamento incipiente não permitiam a expressão verbal e ainda menos a conceptual. Ficaram armazenadas talvez como protovivências, imagens arquetípicas e como impulsos criadores da alma que irrompem dramaticamente através de figuras e modelos em determinados momentos da vida social e cultural.

O nosso momento actual vive segundo o ditame da moda ou do que alguns diagnosticadores apontam como uma expressão profunda de uma necessidade do homem e da cultura actual: o "retorno" ou volta do mito. Vivamos ou não sob o caduceu de Hermes, a era de Aquário do milénio em que entrámos diz-se inclinada para a espiritualidade e a convergência dos opostos. Se os signos astrológicos tivessem razão, o regresso do mito estaria explicado. Mas o mito, como insinuámos, mergulha as suas raízes e motivações em lugares mais profundos do ser humano e do seu mundo cultural e social.

A dificuldade começa justamente quando apontamos esta presença profunda e ubíqua do mito em todo o humano. Esta qualidade proteica do mito é o que o transforma numa espécie de realidade omnipresente e ao mesmo tempo inapreensível. O mito está em toda a parte, constitui o fundo onde bebe a cultura nas suas manifestações mais lógicas e racionalizadas, e ele mesmo oculta-se-nos e evade-se como uma sombra. O mito acaba por ser, visto a partir desta perspectiva, como um ser escorregadio e, no entanto, enormemente importante ao deambular e ter relação com tudo o que é realmente fundamental na vida humana. Como insistirá Cassirer, não há realidade que não seja capaz de uma interpretação mítica ou não se reclame dela.

O mito parece fazer-se apreensível nos mitos e mitologias. É aí que se torna relato e narra a relação do homem com os seus limites e o seu destino. Mas quem diz relação com o limite e pretende falar dele situa-se perante o não manejável e o não descritível directamente. É preciso utilizar a via indirecta do símbolo, da metáfora, da insinuação e evocação do não presente, do que não está à mão. Colocamo-nos fora da linguagem clara e distinta, da lógica científica, para caminhar pelos despenhadeiros do paradoxo e da polissemia. Estamos no reino do inexacto, da interpretação inacabável e múltipla. Um âmbito não carente de indicadores e normas de circulação, mas mais curvilíneo e menos recto, linear, do que gostaria o pensamento funcional, estratégico ou logológico. A tentação está à vista: estamos a um passo, dado por mais do que um, de desqualificar o mito como pensamento, reflexão ou racionalidade. Em vez destas palavras sérias e veneráveis, tende-se a falar de fantasia, imaginação incontrolada ou, simplesmente, ilógica e irracionalidade.

Já se vê que penetrar no vasto mundo do mito e procurar fazê-lo com vontade filosófica de reflectir sobre o que há ou pode haver em tamanho âmbito é como meter-se com um simples barquito por um mar porceloso dentro. Foi pelo menos esta a sensação que tivemos ao vogar num oceano destas dimensões. Temos que agradecer muito, tudo, aos gigantes e aventureiros que nos precederam e que deixaram nas cartas de navegação rotas para orientar-se e não naufragar. Embora, chegados aqui, devamos dizer que uma das grandes dificuldades que espreitam o generalista ou o filósofo não especializado numa disciplina ou perspectiva do mito que pretende seguir as indicações dos grandes estudiosos do mito é que frequentemente se encontra perante o "conflito de interpretações" do mito. Praticamente todos os grandes estudiosos do mito reivindicam a sua interpretação como *a* interpretação. Esta pretensão de monopólio hermenêutico, não desconhecido pelo filósofo nem sequer dentro do seu próprio mundo, põe-no já de sobreaviso quanto a um dos escolhos da leitura das cartas de navegação: elas têm que ser tomadas com seriedade e distância, com a crítica e a ironia do sorriso relativizador. Ou talvez se pudesse dizer que este pluralismo interpretativo é já uma indicação de um pluralismo de perspectivas, que animam o filosofo a acrescentar a sua própria angulação ou olhar: a do generalista que, ajudado pelos diversos especialistas, pretende dizer a que é que corresponde esta presença do mito em todos os problemas fundamentais do ser humano.

Sem dúvida – e o leitor tem que confirmar ou desdizer esta afirmação —, na medida em que se é consciente de motivações e interesses, predomina no nosso olhar um interesse: investigar a explicação possível desta anunciada revitalização do mito. A que é que corresponde este pretenso "retorno" do mito? Que é que acontece na nossa sociedade e cultura de fim e início de milénio, que se passa com o ser humano actual para voltar ou retornar ao mito? Há uma tensão diagnosticadora do momento sócio-cultural que vivemos, prosseguindo outros trabalhos de análise e preocupação pela situação nesta modernidade tardia. Existe a convicção fundada de que a análise do mito e do seu retorno, assim considerado, nos coloca perante a unilateralidade do predomínio patológico da racionalidade funcionalista e estratégica na nossa cultura e sociedade. Daí a necessidade de superar a esquizofrenia do nosso tempo entre a racionalidade funcional e o sentido. E, por esta razão, a urgência de evitar unilateralidades com polimitismos pós-modernos ou evasionismos mítico-religiosos e apelar à complementaridade ou uso polifónico da razão una na pluralidade das suas vozes. Precisamos especialmente de conjugar funcionalidade e sentido e ligar o mítico com o lógico. Compreender-se-á que a nossa proposta seja *mito-lógica*. E espero que a preocupação em situar racionalmente o trabalho mítico não passe despercebida, mas bem pelo contrário transforme este ensaio numa espécie de breve introdução crítica da razão mito-simbólica.

Percorre também o nosso estudo/ensaio um afã de cartografar este vasto mundo do mito. Quereríamos oferecer, com a angulação ou perspectiva filosófica e cultural apontada, um mapa de temas e problemas importantes para a reflexão filosófica. Problemas como o que é a realidade, a verdade, a racionalidade, a consciência e a própria cultura entrecruzam-se incessantemente no nosso trabalho. Não temos a pretensão de dar-lhe uma solução acabada, mas mostrar por onde passam as questões principais do debate e uma possível saída não unilateral.

O estudo articula-se em três partes. A primeira, *Símbolo e mito*, quer servir de quadro introdutório e de clarificação de conceitos. Tem dois capítulos. O primeiro aborda o símbolo ou o espaço do mito. Se não se compreende a lógica e características do símbolo, dificilmente haverá uma boa compreensão desta narrativa simbólica que é o mito. Por esta razão, este capítulo primeiro pretende dar conta dos elementos ou pedras — os símbolos — com que se constrói o relato mítico. A partir daqui, podemos passar a apresentar uma primeira aproximação, não definição, do que é o mito. Embora, como sabemos, esta questão venha a ficar mais matizada na sua grande complexidade no fim do livro, oferecemos, no entanto, uma primeira ideia do que entre os estudiosos se diz que é o mito. Esta descrição mínima de alguns dos seus aspectos menos controversos serve de feixe de luz para apontar um caminho que se há-de mostrar ainda cheio de desvios, curvas e zonas de descanso.

A segunda parte, *As dimensões do mito*, a mais longa e central, consta de cinco capítulos. O primeiro é dedicado à relação do mito com a história e a realidade. Fazemos uma aproximação breve do que os historiadores obtêm como informação da realidade do mito, para passar a colocar um problema mais estritamente filosófico: a inevitável concepção de realidade por trás de toda a visão humana e expressamente por trás da denominada "histórica". Captamos assim algo da forma peculiar de olhar a realidade do mundo ocidental e descobrimos o mito presente nesta angulação ou pretensão de englobar a realidade numa perspectiva histórica.

O segundo capítulo quer meter-se dentro de algo que já estava presente de modo incipiente no anterior: de que modo é que o mito conhece

INTRODUÇÃO

ou que conhecimento proporciona a forma mito-simbólica de conhecimento? Depois de lembrar os intentos mais clássicos de resposta, abordamos alguns autores actuais que mostram como o mito reage fundamentalmente ao sentido de um modo que não é comensurável com o logológico ou científico nem com o crítico-filosófico. Fazemos deste modo justiça à racionalidade peculiar do mito e à sua aproximação ou configuração da realidade.

O terceiro capítulo é dedicado à leitura do mito pela psicologia profunda. Para esta tendência, o mito conserva as "imagens primordiais" nas quais o inconsciente se revela à consciência. Deste modo, como dirá E. Neumann, o discípulo de C. G. Jung, os mitos revelam-nos as origens e a evolução da consciência. Seguimos as grandes etapas desta evolução até às manifestações mais estereotipadas e vulgarizadas da imensa e popular literatura actual de crescimento humano ou de desenvolvimento espiritual. É um sintoma da atracção que os mitos despertam hoje através deste caminho. E também da sua comercialização.

O mito está, pois, no mais profundo de toda a cultura. Como se manifesta esta presença/ausência do mito na nossa cultura? Este tema é o objecto do quarto capítulo, dedicado ao mito e à cultura. Predomina uma visão de diagnóstico. Ajudados por destacados analistas do mito enquanto indicador do mal-estar e das patologias da cultura, damo-nos conta não só da presença, mas da necessidade de uma boa assimilação do mito. Este reservatório simbólico tem a virtualidade de mostrar o equilíbrio ou desequilíbrio, os excessos e as carências de uma civilização ou cultura. A partir de um olhar através do mito acede-se às patologias da nossa sociedade bem como ao conhecimento de peculiaridades da nossa civilização ocidental. Ao mesmo tempo damo-nos conta do lugar onde se situa o mito-simbólico na cultura.

O quinto capítulo desta segunda parte está dedicado às relações do mito com a religião, a filosofia e a ciência. Esta relação tinha ficado insinuada ou levemente descrita. Parece-nos que um ensaio sobre o mito a partir da perspectiva da filosofia cultural não podia deixar de apontar a relação e a distância que existe entre estas formas de conhecimento da realidade e o mito. Vamos avistando, mais do que uma posição de exclusão, a necessidade de caminhar para uma complementaridade ou conjugação de vozes e racionalidades. O mito não só está presente nessas outras manifestações da racionalidade e da cultura como da sua frescura depende muito do ímpeto criador de todas elas, ao mesmo tempo que o bom uso mito-simbólico está ligado à disciplina sistemático-lógica e à vigilância crítica.

A terceira parte do livro denomina-se *O retorno do mito*. Quer oferecer, como conclusão, um primeiro capítulo sobre "a ambígua actualidade do mito" no meio da nossa cultura da globalização neoliberal. A esquizofrenia entre funcionalidade e sentido, palpada e vivida por muitos no nosso tempo, incita-nos a não sermos representantes fáceis de um polimitismo pós-moderno ou neoliberal, ao mesmo tempo que reconhecemos nas ânsias do nosso momento um défice de sentido que se quer paliar mediante usos espúreos do mito. No fundo, encontramo-nos perante a demanda urgente da superação desta divisão e a necessidade de sutura da nossa sociedade e cultura. Uma tarefa mítica que não pode nem deve realizar-se à margem da razão crítica.

Compreende-se que terminemos o ensaio com um capítulo de síntese e até certo ponto apologético do uso são da racionalidade mito-simbólica. A nossa cultura e sociedade necessitam do mito. Precisam de conjugar a racionalidade funcional, prevalecente hoje até à dessecação dos aquíferos de sentido, com a dimensão mito-simbólica, que medeia e exprime este sentido profundo da realidade e da vida através da religião, dos mitemas literários e artísticos, etc. Arte, religião, sentido devem estar unidos estreitamente ao tecnocientífico e produtivo. O funcional não pode devorar, sob pena de cancro cultural, o mito-simbólico. Estamos chamados à conjugação. Poderemos e saberemos fazê-lo?

Sem dúvida, não basta a proclamação da necessidade nem a imprecação da urgência. Mas se o leitor foi minimamente convencido pelas razões expostas esperamos que não será um dos propaladores do exclusivismo racional unilateral ou daqueles que praticam a exclusão intelectual. Este ensaio foi escrito ao serviço desta intenção prático-moral.

Este trabalho não teria visto a luz sem o alento recebido pelos amigos que a racionalidade mito-simbólica ocupa e preocupa desde há muito tempo. Foi nos seus trabalhos e exemplo que encontrei a ousadia para

INTRODUÇÃO

meter-me dentro de terrenos desconhecidos e transitar por eles. Ao nomear, hei-de colocar as conversas e desafios para a tarefa que provinham de Josetxo Beriáin. Ele fazia de mediador de A. Ortiz Osés, colega e amigo da Universidade de Deusto e impulsionador, com os seus discípulos, de toda uma linha mito-simbólica no mundo hispano. Outros intentos provenientes de amigos próximos em interesses e enfoque intelectual, como Lluis Duch, decidiram-me a explorar um mundo inabarcável.

A chispa que desencadeou a decisão procedeu de um seminário que durante dois anos co-dirigi com José Gómez Caffarena sobre "Razão, Símbolo e Religião", dentro do *Seminário de Filosofia da Religião* do Instituto de Filosofia do CSIC (Madrid). O tema e as intervenções sensibilizaram-me o suficiente para decidir-me a prosseguir esta aventura de penetrar no mundo do mito-simbólico. No fundo, estava latente a convicção crescente de que regiões inteiras do pensamento e da cultura, como a religião, não são realmente compreensíveis sem captar o seu potencial simbólico. Segundo cremos, também se não acede às patologias do nosso tempo nem ao alcance da unilateralização da razão moderna, se não se avistam as dimensões da simbólico e do mítico. Não se pode igualmente prescindir do seu contributo para a sua cura.

Daí que o interesse que impulsiona este ensaio seja o de ampliar o espaço da racionalidade. Se a modernidade conhece a pluridimensionalidade da razão, é, no entanto renitente a conceder o estatuto de racionalidade a um tipo de narrativas, expressões e símbolos que não correspondem ao modelo lógico-empírico e discursivo predominante. É certo que a tarefa não é nada fácil: está cheia de perigos e afirmações pouco fundadas. Mas quando o que nela está em jogo é a própria saúde da razão e da sociedade e cultura de hoje e de amanhã, então não podemos deixar de tentar este longo caminho reflexivo. A esta tarefa responde o rodeio ou *détour* deste esforço. Esperamos que no final do mesmo o leitor possa estar um pouco mais convencido da necessidade de assumir, com seriedade, uma dimensão racional e humana, sem a qual nem a razão nem o homem ficam completos.

PARTE I

SÍMBOLO E MITO

Meter-se pelas sendas do simbólico e do mítico adentro é introduzir-se num mar proteico cheio de escolhos. Na utilização dos termos "símbolo" e "mito" não costuma haver muita clareza. Podem transformar-se em todos os seres, como parece que acontecia com o deus Proteu. Daí que seja preciso, mais uma vez, tentar pôr um pouco de ordem e orientação para não naufragar. Façamos o trabalho de pequena barca que vai tenteando o terreno e indicando baixios, correntes e passagens com profundidade.

Nesta primeira parte, pretendemos introduzir um pequeno quadro conceptual que sirva de guia à nossa navegação posterior. Em primeiro lugar, para ser abordado e pensado de modo adequado, devemos situar o mito no seu lugar: o âmbito do símbolo. Em segundo lugar, quereríamos fazer uma primeira abordagem do que denominamos mito. Não será uma definição cartesiana, mas terá os ingredientes das indicações básicas que se verão posteriormente enriquecidas ao longo da nossa exposição.

1
O símbolo.
O mito no âmbito do símbolo

Começamos, situando o mito no âmbito em que a maior parte dos estudiosos o inscreve: o do símbolo. Abordar o mito quer dizer, de um modo ou outro, que não podemos fugir ao símbolo. Convém, portanto, iniciar a nossa viagem esclarecendo o lugar onde se forja o mito. O construtivismo mítico encontra no símbolo as peças elementares e fundamentais donde surge o mito.

Mas não é fácil chegar a um acordo sobre o que é o símbolo. Este possui também uma natureza escorregadia. Devemos estar gratos a uma série de estudiosos, que repararam na importância e centralidade do símbolo, pelo facto de hoje termos o terreno um pouco mais limpo, quando penetramos neste âmbito preparatório para a compreensão adequada do mito.

1.1. O símbolo

Quando nos aproximamos do emprego da palavra "símbolo", constatamos que tanto o uso pretensamente científico como o jornalístico do termo nos mostram a equivocidade do seu uso. Que tem a ver o símbolo de Marilyn Monroe enquanto símbolo erótico com o símbolo matemático da subtracção - (=menos)?

Não vamos fazer um percurso pormenorizado pela história do pensamento para esclarecer esta equivocidade com que desde o início se nos apresenta o uso da palavra "símbolo". Mas, como acentuará Hegel, a história do conceito desvela o seu conteúdo e constituição. Prestemos atenção pelo menos aos inícios deste uso e a alguns dos seus pontos fundamentais.

1.1.1. *A sombra de Aristóteles*

Aristóteles reservava o termo "símbolo" para os signos linguísticos enquanto signos convencionais e arbitrários. Esta concepção marcou uma tradição que está presente na matemática, na lógica, e, em geral, nas ciências "duras" (física, química...). Pensa-se num "símbolo", isto é, numa imagem ou signo que corresponde de modo adequado ao que se quer significar.

Um dos problemas com que deparamos quando se trata de utilizar a palavra "símbolo" é o de que para muitos, devedores deste uso no mundo predominante das ciências e de um pensamento filosófico influenciado por esta sensibilidade, símbolo equivale a algo convencional e arbitrário. Nesta tradição, o símbolo é um instrumento ou artifício para exprimir um significado claro e distinto; corresspponde a uma linguagem que busca a univocidade; pretende-se uma relação biunívoca de cada símbolo com os seus respectivos significados. A tarefa filosófica é até apresentada como uma tarefa depuradora da plurivocidade e do mal-estar que causa. No fundo, procura-se uma linguagem objectiva sem vestígios subjectivos e uma compreensão operativa, instrumental, do mundo. A consciência apresenta a si mesma os objectos da realidade como são.

Em suma, esta tradição dá a primazia ao signo e entende que uma tarefa permanente com que deparamos no uso da linguagem é a limpeza de impurezas de significado, isto é, de expressões vagas e nebulosas ou de multivocidades e equivocidades. Trata-se de um pensamento que exerce uma terapêutica sobre esta doença da linguagem.

Que contributo traz esta tradição no caminho para a dilucidação do que é um símbolo e o tipo de pensamento, razão, a ela vinculado?

Duas coisas são claras: em primeiro lugar, a equivalência entre símbolo e signo, entendido este como artifício convencional e sumamente adequado ao seu significado. O seu objectivo é funcional: abreviar, economizar,simplificar o significado. Em segundo lugar, esta concepção aparece ligada a um tipo de pensamento objectivo que evita as mediações e apresenta o ideal da percepção e apresentação das coisas à consciência.

Mas o que é que acontece com aquele tipo de "coisas" não sensíveis que não é possível apresentar, podendo apenas referir-nos ao seu sentido? Que fazemos com aqueles referentes que não podemos definir de modo claro e concreto e que, no entanto, são, parece, importantes para a vida dos indivíduos e da colectividade, como o amor, a felicidade, a beleza, o sentido e quase todos os referidos ao âmbito do sagrado e da transcendência?

1.1.2. *O sentido indirecto e figurado*

Na linguagem, encontramo-nos com uma produção indirecta de sentido. Os exemplos podem ser numerosos: actos linguísticos que, mediante uma sugestão, o que realmente fazem é transmitir uma ordem, frases de duplo sentido com as quais se quer transmitir uma certa mensagem ou se procura que só determinadas pessoas entendam, etc. O que é que acontece se começarmos a suspeitar que a produção de um significado indirecto é própria de todo o sistema significativo?

Começamos a perceber que a linguagem, por exemplo, contém numerosas conotações, ou, como vamos ver em breve, pode interpretar-se de vários modos. Dito de outra maneira: a linguagem é, de per si, produtora e portadora de segundos sentidos ou sentidos indirectos. Diz-se, neste caso, que a linguagem é profundamente simbólica.

Está-se a ver que simbólico, aqui, já não quer dizer algo que tem a ver com um artifício convencional que se refere de modo unívoco a alguma coisa.

Há todo um esforço de precisão entre os analistas da linguagem para distinguir esta possibilidade da linguagem de dar a entender algo de diferente (*implicature*) ou oferecer imagens que num contexto carregam infinitos significados possíveis e suscitam infinitas interpretações: o simbólico propriamente. Estaríamos — assim diria Umberto Eco (1990: 246) — perante "um traço característico do semiótico em geral". Todorov (1992: 17), ao contrário, e com ele frequentemente muitos outros autores, tendem para um conceito amplo do simbólico como "tudo o que admite a interpretação e produção de um sentido indirecto". Nesta concepção, praticamente todo o conjunto da comunicação é simbólico.

Umberto Eco tende a reservar um lugar mais restrito para o simbólico. Deste modo, também não considera simbólicos os artifícios produtores de sentido indirecto, se, uma vez apreendido o segundo sentido, o primeiro — considerado enganoso — se exclui ou pretende excluir-se. Um caso exemplar deste comportamento é o de S. Freud, que denomina "símbolos oníricos" as imagens que têm um conteúdo latente que se manifesta deformado e dissimulado. A razão está em que o que Freud faz, embora não o diga, é compreender os sonhos como uma retórica que procede mediante mecanismos da transformação trópica, isto é, os símbolos oníricos — ou imaginário onírico — não são tão fixos como os símbolos taquigráficos, mas Freud quer fixar o símbolo, ancorar a expressão a um conteúdo discursivo. Para isso, quer construir um código do simbolismo onírico onde todas as coisas (guarda-chuvas, bastões, flores, escaleiras...) tenham um significado reconhecível. Precisamente esta pretensão — além de ser problemática dentro do próprio âmbito psicanalítico, como postulará Jung — é a negação do simbólico e significa voltar às pretensões aristotélico-analíticas de fixar e estabelecer significados unívocos de uma vez por todas, apesar de aceitar certa plurissignificatividade e ambiguidade nos sonhos.

Poderíamos tirar uma conclusão destas breves considerações sobre o semiótico e o simbólico. Onde há, de algum modo, um código preciso de interpretação, elimina-se o simbólico propriamente dito. Não basta afirmar que tudo o que admite interpretação e supõe um sentido indirecto é simbólico. É melhor dizer que é semiótico.

Que é então o simbólico? Como intuímos já, o simbólico tem que situar-se num tipo de linguagem de sentido indirecto sem possibilidade de uma interpretação única e fixa? O simbólico caminha a par da polissemia, da plurisignificação e da ambiguidade inerradicável?

1.1.3. *A estética romântica e o símbolo*

Na história do pensamento, parece que, para captar o simbólico, alcançamos um ponto decisivo nas reflexões dos chamados românticos sobre a obra de arte. Para a estética romântica, acontece que, quando

PARTE I – SÍMBOLO E MITO

uma imagem, uma metáfora, uma figura de retórica se captam no seu contexto vivo, o sentido directo não é sacrificado ao sentido indirecto. Por outras palavras, o sentido ambíguo nunca desaparece, permanece sempre disponível para valorizar cada vez melhor as múltiplas relações entre sentido directo e sentido indirecto. Gadamer dir-nos-á que os românticos descobrem a harmonia interna da obra de arte e por isso resulta indizível, intraduzível, de uma vez por todas. Kant já tinha descoberto que esta qualidade da obra de arte estimulava um aprofundamento contínuo, uma capacidade de infinitas interpretações. Talvez por esta razão, Schelling chama a obra de arte "símbolo", de modo que o símbolo ou o simbólico é a própria essência da obra de arte.

O símbolo, para o pensamento romântico apreende o geral no particular – o contrário da alegoria – e leva a uma expressão do indizível porque o seu conteúdo escapa à razão. Ou, se se quiser, como disse Goethe, "o simbolismo transforma a experiência em ideia e a ideia em imagem, para que a ideia obtida na imagem permaneça infinitamente activa e inalcançável, para que, ainda que se exprima em todas as línguas, permaneça inexprimível". O símbolo exprime algo que carece de expressão no mundo do exprimível.

A estética romântica estabelece, como vemos, uma equação entre o simbólico, o estético e o inexprimível e infinitamente interpretável. Mas tem alguns perigos: tende a reduzir a experiência simbólica à experiência estética. Esta é a tentação romântica. Seria melhor dizer que o símbolo não indica o efeito estético em geral, mas um efeito semântico (significativo) particular que pode ter ou não um uso artístico.

Este contributo ou precisão deve-se ao génio de Hegel. Quando ele reflecte sobre o simbólico e a arte, dá-se conta de que o símbolo tem raízes anteriores e exteriores à arte. Na *Estética*, Hegel faz notar que o símbolo é um signo, mas nele a relação entre expressão e significado não é arbitrária. Actualmente, diríamos que o símbolo é, portanto, analógico. Trata-se de uma analogia precária ou insuficiente, pois há uma desproporção entre termo simbolizador e termo simbolizado. Devido a esta desproporção ou não adequação, o símbolo é fundamentalmente ambíguo. (Assim Hegel não chamará, como fez Creuzer, símbolo aos deuses gregos, já que a arte grega os apresenta como indivíduos livres e autonomamente acabados em si mesmos, auto-suficientes.) Hegel faz toda uma classificação histórica prolixa da evolução do símbolo, mas devemos-lhe sobretudo o ter deixado claro que o símbolo não deve identificar-se, sem mais, com o artístico, e que no símbolo há sempre uma tensão, uma desproporção, uma ambiguidade, uma precaridade analógica. O símbolo é enigma e a esfinge é o símbolo do próprio simbolismo.

O contributo do pensamento romântico e hegeliano diz-nos que o primeiro e mais importante é que há experiências semióticas intraduzíveis, em que a expressão — de analogia entre significante e significado — é correlacionada com uma nebulosa de conteúdo, isto é, não há regra ou código interpretativo que nos diga de uma vez por todas qual é a interpretação correcta e única. Este uso dos signos denomina-se "modo simbólico".

1.2. O modo simbólico

Pelo que vimos vendo, o modo simbólico é um procedimento de uso do texto que pode aplicar-se a todo o texto e a todo o tipo de signo mediante uma decisão pragmática ("quero interpretar simbolicamente"), que no plano semântico produz uma nova função sígnica, ao associar expressões já dotadas de conteúdo codificado a novos segmentos de conteúdo, sumamente indeterminados e escolhidos pelo destinatário (Eco, 1970: 287).

Caso contrário, se se não activar a interpretação simbólica, o texto ou signo continua a ter um sentido no plano literal e figurativo (retórico).

O modo simbólico tem uma grande presença no mundo religioso--sagrado e no mundo da arte.

1.2.1. *O pensamento do modo simbólico*

Já vimos que no fundo das discussões, compreensões e incompreensões que percorrem o símbolo está latente o problema do modelo de conhecimento que se pressupõe: onde se pressupõe um modelo de pensamento apresentativo, directo e objectivo, o símbolo só pode aparecer como uma anomalia a superar, depurar, etc.; mas se se compreender o conhecimento não como mera apresentação, mas sempre segundo o modo da representação, situamo-nos num âmbito epistemológico propício para colocar a questão do simbólico.

Do ponto de vista do *conhecimento*, o símbolo remete-nos para um âmbito de pensamento indirecto: um tipo de pensamento que não é apresentativo-perceptivo, directo, sem mediações, mas que pertence ao modo da representação, como diz E. Cassirer. É um pensamento ligado sempre ao sujeito, não desligado ou objectivo como o pretensamente científico, mas expressão desse sujeito e das condições da sua formação. Encontramo-nos na "pregnância simbólica" (E. Cassirer), onde as coisas são compreeendidas integrando-as num sentido.

Neste processo de representação, a consciência dá-se conta de que existem diferentes graus de adequação entre um signo ou imagem e aquilo que constitui o seu significado: desde a correspondência biunívoca dos signos com os seus significados (linguagem objectiva, universal, abstracta da tecnociência) até ao dizer multívoco, onde tem importância, mais do que o "quê" do expressado, o "como" da expressão (linguagem simbólica da arte, da religião).

Frente ao que constitui a grandeza e a força do pensamento científico com o uso de uma linguagem constatativa e de respostas fixas, estáveis, o pensamento que tem a ver com o simbólico transporta o peso da história e a marca do vivido, portanto, da subjectividade e das experiências particulares. Paul Ricoeur viu bem este traço quando fala do símbolo como um "langage lié" (linguagem vinculada). Poderíamos resumir, dizendo que a ordem simbólica é histórica, cultural, concreta, enquanto o conceito remete para a generalização abstracta, a objectividade e a fixidez unívocas.

1.2.2. *Traços característicos do conhecimento simbólico*

Adiantamos algo que terá de ser problematizado no nosso ensaio: há um conhecimento simbólico. Antes de submetê-lo a um questionamento, queremos exprimir como é este tipo de conhecimento e caracterizá-lo.

Encontramo-nos num momento mais descritivo do que interrogativo. Sintetizamos o que foi objecto da reflexão de estudiosos como G. Durand, C. Jung, P. Ricoeur e muitos outros.

1) O símbolo situa-se no âmbito de um conhecimento indirecto, do ausente ou não sensível em todas as suas formas: inconsciente, metafísico, sobrenatural e surreal. Por isso, G. Durand acentuará que a imaginação simbólica se situa onde é impossível representar o significado, e o signo não pode referir-se a uma coisa sensível (Durand, 1971: 1212; Filippani-Ronconi, 1997: 45-47).

O símbolo evoca o ausente. É a expressão de um significado que é impossível apresentar por outro meio que não seja o próprio símbolo. Daí que C. Jung tenha podido dizer que o símbolo é "a melhor representação possível de algo relativamente desconhecido, que, por conseguinte, não seria possível designar em primeira instância de modo mais claro ou mais característico" (Jung, 1994). Umberto Eco faz fincapé no carácter nebuloso do conteúdo do simbólico.

2) O símbolo não é arbitrário, como o signo, pois tem certa similitude ou ressonância interna com aquilo que significa ou evoca. Dizíamos que se fundamenta assim uma analogia entre o símbolo e o simbolizado. Deste modo, o símbolo, que não pode representar o irrepresentável, faz aparecer um sentido secreto desse indizível: é epifania de um mistério, ou, como já viu Goethe, a aparição do inefável mediante a transfiguração do concreto num sentido abstracto.

3) Dado que o símbolo se move sempre numa similitude dissímil, o símbolo apresenta sempre uma inadequação ao seu objecto de referência ou simbolizado. O símbolo é radicalmente para-bólico, está atravessado por uma tensão que nunca chega a alcançar o seu objectivo. É aqui que assenta a inadeaquação de todo o símbolo ou a sua heterogeneidade ou estranheza em relação ao simbolizado.

Que sentido têm então as explicações ou interpretações dos símbolos? Nunca podem ter a pretensão de clarificar o símbolo até fixá-lo, pois isto significa destruí-lo. Apenas podem pretender clarificar um modo de expressão de um sentido, acentuar ou chamar a atenção para algo, mas nunca suplantá-lo ou fixá-lo de modo rígido. Daí que todos os estudiosos

PARTE I – SÍMBOLO E MITO

do símbolo, que podemos exemplificar em J. Jacobi, lembrem que deveríamos ter sempre presente que "enfrentar o símbolo é, em última análise, enfrentar o inexplicável".

Nunca esgotamos o conteúdo de um poema nem acabamos a tarefa de teologizar uma experiência religiosa. Em relação ao religioso, deve dizer-se que a expressão simbólica está sempre aberta e num equilíbrio instável, dinâmico, que o afasta da ortodoxia dogmática e da fixação integrista e o leva à revolução da experiência mística (U. Eco) ou à noção junguiana de "crisol" onde incessantemente a energia psíquica ferve e se sublima.

Do ponto de vista do conhecimento, o símbolo apresenta-se sempre como vago, nebuloso, oculto ou de perfil difuso. Ao conhecimento simbólico pertence ser necessariamente uma revelação umbrátil e inapreensível: luz obscura, música calada. Esta expressão vaga, obscuridade ou carência do simbólico solta uma procura sem fim do ausente, do que se não deixa dizer.

4) Se o símbolo é radicalmente parabólico, isso quer dizer, de outro modo, que se presta a interpretações inesgotáveis. Há no símbolo uma polissemia radical. Os dois termos do "symbolon" são infinitamente abertos. Esta caraterística levou Paul Ricoeur a ver no símbolo a condensação de um discurso infinito.

Tem aqui a sua base a possibilidade do que G. Durand chamou a "redundância" do símbolo, isto é, o seu poder de repeti-lo indefinidamente — uma repetição que não é tautológica, mas aperfeiçoadora, graças a aproximações acumuladas, a uma espécie de movimento em espiral ou selenóide que circunscreve de cada vez o seu centro (por exemplo, as diferentes parábolas de Jesus sobre o "Reino de Deus"). Estamos perante uma epifania inesgotável.

5) Pelo que estamos a ver, o símbolo tende a conseguir uma conjunção dos contrários. O símbolo procura uma co-implicação de contrários, uma *complexio oppositorum* que é a responsável por a antinomia recorrer ao símbolo. É o que autores como C. Jung quiseram sugerir ao dizer que o símbolo tem o poder de insuflar sentido consciente no inconsciente, ao mesmo tempo que a consciência se enche de energia psíquica proveniente do fundo do inconsciente arquetípico. Este traço antinó-

mico é que faz com que o simbólico apareça como uma espécie de "terceiro" que a lógica exclui — de facto, afasta-se da lógica dualista tradicional própria do signo e, no limite, mina os princípios do terceiro excluído, da identidade e da não contradição. Não tem nada de estranho que o modo simbólico utilize o paradoxo para conseguir a *coincidentia oppositorum*. Trata-se de uma lógica que alguns não têm dúvidas em denominar "lógica da contradição", em correspondência com a realidade contraditória da vida humana e a procura de sentido relacional. Fala-se assim da conjunção de elementos polares, da androginia.

Significante e significado são, portanto, a expressão de uma conjunção procurada, que se manifesta na própria etimologia da palavra "symbolon", o pedaço de um objecto, anel ou documento que cada um recebia e que servia como sinal de reconhecimento. O verbo "ballein" (= lançar) com o prefixo "sym" quer indicar um movimento de reunificação das partes separadas. Deste ponto de vista, o conhecimento simbólico é a tentativa humana de ler uma ordem preestabelecida num mundo que não oferece, à primeira vista, mais do que paradoxos e estranheza. Perante a experiência de conflito e fractura, trata-se de procurar uma "re-mediação cultural de substituição. Deste modo, o simbolismo oferece-se como a sutura (cultural) da fissura (natural), portanto, como o mediador humano de natureza e cultura" (Ortíz, 1996: 110-111). — Esta actividade simbólica que opera mediante oposições ou relações entre elementos contrários parece que existe em quase todas as culturas. Entre os ameríndios, exprime-se através da palavra "tinku" (pelo menos, na cultura quechua e aymara), que quer ser tanto relação de separação como de unidade.

6) O símbolo é, em terminologia ricoeuriana (Ricoeur, 1970: 432s), regressivo-progressivo. Por um lado, os símbolos "repetem a nossa infância", isto é, voltam-nos para o ressurgir das significações arcaicas que pertencem à infância da humanidade e do indivíduo; mas, por outro, o símbolo remete-nos para uma exploração do futuro, para a emergência de figuras que antecipam a nossa aventura espiritual. Trata-se de duas dialécticas, entre a angústia e a esperança, entre a "arqueologia" das figuras arcaicas que governam o ser do homem e a "teleologia" que anuncia e antecipa profeticamente outra realidade. Na sua aparente ambiguidade, o símbolo articula estas duas dialécticas.

PARTE I – SÍMBOLO E MITO

7) O símbolo indica que, para lá do conhecimento da racionalidade analítica que decompõe os elementos e corre o risco de não ver a totalidade, existe um tipo de conhecimento que se orienta para a totalidade de um processo e o capta com um golpe de vista, sem análise nem reflexão consciente (Panikkar, 1994a: 401).

Este conhecimento deve-se à força da patética simbólica, isto é, a uma racionalidade fortemente impregnada de sensibilidade e afectividade. No fundo, estamos perante uma concepção de homem que, além de considerá-lo como "zoon politikon", animal político ou social, e "zoon logikon", animal que fala e arrazoa, de Aristóteles, nos apresenta o "zoon pathetikon", ser de paixões e de sensibilidade.

1.2.3. O símbolo como linguagem social

A linguagem simbólica está enraizada num solo histórico e social. Não há símbolos individuais. O símbolo é uma linguagem participada que, como acontece no caso religioso, faz de cada um dos usuários um membro de uma comunidade que fala o mesmo idioma. O *sym-bolon* refere-se a outro de uma relação. Daí que, como sublinharam E. Durkheim, M. Mauss, M. Weber, G. Dumézil, os símbolos se não possam entender fora de uma determinada sociedade. O símbolo existe para ser recebido, compreendido e para funcionar dentro de uma comunidade sócio-cultural. G. Dumézil mostrará que os símbolos religiosos são expressão de um sistema sócio-religioso. É o grupo social que dá sentido aos conjuntos simbólicos, uma vez que se serve deles para definir-se a si mesmo, para anunciar a sua hierarquia de valores, as suas relações com outros, as suas tensões e buscas. A partir de um ponto de vista religioso, o símbolo permite o intercâmbio com outros de formas e de sentidos afins, configura uma ordem cósmica de valores e permite definir-se e encontrar uma identidade a partir deles.

Indica-se também que um símbolo só adquire todo o seu sentido, quando aparece ligado a outros símbolos. O símbolo mostra-se em constelações de símbolos numa determinada cultura e sociedade. Outro modo de exprimi-lo talvez seja dizer que o símbolo induz um movimento em direcção aos outros e à comunidade sócio-cultural que "donne à vivre autant qu'il donne à penser". Este dar, para lá de razões para pensar, motivos para viver a vida individual e colectivamente com sentido, é o que faz do símbolo um recurso humano por excelência.

1.2.4. O símbolo como experiência psíquica do "numinoso"

Dissemos que o símbolo é uma "linguagem vinculada". Como acabamos de ver, vinculada à situação sócio-cultural, ligada a uma história concreta. Mas também vinculada aos grandes arquétipos da experiência humana. Quem nos mostrou isso foi a psicologia profunda jungiana.

Já nos referimos a Freud como alguém que na sua abordagem do símbolo fala de desejo, satisfação, distorção, sublimação e disfarce. Daí que Freud procurasse descodificar o símbolo e mostrar o seu autêntico sentido oculto nas suas manifestações oníricas, etc. Freud tratava o símbolo não como símbolo, mas como ocultação retórica de outra coisa.

No entanto, C. Jung, seu discípulo dissidente, entende o psiquismo humano de outro modo: vê-o organizando-se concentricamente à volta de um centro, o si mesmo.

Temos assim quatro grandes "continentes": a consciência e o eu, o inconsciente pessoal, o inconsciente colectivo e o si mesmo, que é o centro e a totalidade ao mesmo tempo. Ora, para Jung, entre os intercâmbios energéticos que têm lugar entre as diferentes zonas deste sistema autorregulado que é o psiquismo, o símbolo desempenha um papel extraordinário: tem a função de tradutor e de conversor. Jung chegará a dizer que o símbolo é a máquina psíquica que transforma energia do inconsciente colectivo para o consciente. O símbolo transforma a energia libidinal noutras formas de energia. Assim, quando o homem primitivo tinha de enfrentar uma caça perigosa, ir à pesca ou trabalhar a terra, iniciava e acompanhava essas tarefas com uma série de ritos e símbolos religiosos que lhe facilitavam a absorção da energia libidinal necessária para enfrentá-las, como o homem moderno que, ao passar das suas actividades ordinárias para outras clandestinas, faz esta mudança de personalidade com a ajuda de símbolos: invocando os símbolos de Deus, do Rei, da Pátria, da Justiça, da Liberdade, da Democracia, etc. Mediante o símbolo, todos os círculos do psiquismo se relacionam entre si. O si mesmo, mistério último do ser humano, é aludido mediante o símbolo que se manifesta como imagem poderosa de uma visão ou sonho à consciência e que emana do inconsciente pessoal e colectivo (arquétipos).

De acordo com esta concepção, o símbolo tem uma dimensão racional e outra não totalmente racionalizável — o símbolo é a ponte entre o consciente e o inconsciente colectivo (Neumann, 1973: 366). Os símbolos aparecem assim como produtos naturais e espontâneos. Naturais, na medida em que nenhum símbolo foi criado pela vontade de um génio; espontâneos, na medida em que remetem para uma função simbólica que existe no homem e que governa o imaginário, a rememoração e a relação com os outros. Para Jung, o sonho não é a expressão deformada de outra coisa: o que se passa é que o psiquismo se exprime através deles, na sua globalidade ou nas sus particularidades.

O símbolo é, pois, para Jung, uma linguagem insubstituível, que possui uma eficácia específica como mediador entre situações e sentidos inconciliáveis do ponto de vista racional: o passado e o futuro, a morte e a vida, o imanente e o transcendente, etc. Se, para Freud, o símbolo ocultava mais do que revelava, para Jung o símbolo é a revelação de um "numen" interno, capaz de reunificar o psiquismo numa experiência de tipo religioso. Jung constatou nos seus pacientes que estranhas séries de sonhos tinham temas de base que se relacionavam com um esquema geral que se encontrava nas tradições religiosas. Assim, o si mesmo relacionava-se com o mandala hindu, uma imagem centrada num círculo enquadrado; noutras tradições, pode falar-se do "castelo interior" (Santa Teresa), do "Grund" dos místicos renanos, da Jerusalém celeste ou, no sufismo, da circum-ambulação à volta da Caaba.

Seguindo esta linha, Jung afirma que o numinoso pertence ao interior do próprio homem. As crenças religiosas seriam como que a superestrutura dessa dimensão numinosa do psiquismo humano.

1.3. A modo de conclusão

Vimos que abordar a questão do símbolo equivale a enfrentarmo-nos com a peculiaridade do ser humano, do seu conhecimento em muitos dos casos impossível de reduzir à univocidade e aberto a múltiplos sentidos. Apercebemo-nos de que as reflexões a partir das diferentes disciplinas das ciências sociais começam a pisar o campo do símbolo cada vez mais em conexão com a reflexão filosófica. Este fenómeno leva-nos a uma análise cada vez mais pormenorizada e precisa do símbolo nas suas múltiplas facetas. Mas também se corre o risco de ficar preso da visão redutora ou unilateral de uma disciplina determinada, seja a linguística, a sociologia, a psicologia, ou até de escolas dentro das mesmas. A reflexão filosófica fará bem em ter em conta estes contributos, mas terá que voltar a eles para proporcionar aquela reflexão de carácter mais geral ou global sem a qual perdemos de vista o conjunto e até a raiz das questões.

2
O mito como narração simbólica

> Os poetas transmitiram-nos os seus mitos,
> mas que interpretação lhes davam?
> *Uma incógnita.*
>
> W. H. AUDEN, *Gracias, Niebla*, Pre-textos,
> Valencia 1996, 49.

Os símbolos, quando adoptam a forma de narrativa, podem desembocar no mito. O mito é, portanto, uma narração simbólica. A estrutura narrativa, dirá Levi-Strauss (1990: 191), pertence à constituição do mito. O mito é "prática narrativa" (Detienne, 1985: 11). Damos mais um passo, quando afirmamos, com P. Ricoeur (1987: 273-282), M. Eliade (1961: 18; 1996, 1956) e outros (Servier, 1979: 325-372), que o mito é uma narração das origens. Alguns apresentariam uma definição mais completa de mito como "uma narração que descreve e retrata em linguagem simbólica a origem dos elementos e pressupostos básicos de uma cultura, por exemplo, como começou o mundo, como foram criados os seres humanos e os animais, como se originaram certos costumes, ritos ou formas das actividades humanas" (Martínez, 1997: 23). Aproximamo-nos já da concepção alargada de que o mito são histórias dos deuses. Através destes apontamentos breves, recordamos talvez a mais breve e geral definição de mito que podemos oferecer ao começar a penetrar num campo que foi explorado desde diversos ângulos das disciplinas humanas até formar uma maranha de estudos, análises e hipóteses impossíveis de reduzir à unidade. Tanto a tradição antropológico-etnológica como a das ciências das religiões ou a literário-discursiva e a psicológica submeteram o mundo do mito à análise e à reflexão. O resultado é uma diversidade de métodos e aproximações e interpretações que fascina e provoca tanto admiração como transtorno mental, ao darmo-nos conta da pluralidade irredutível deste fenómeno. Talvez esta primeira constatação do estado actual do estudo sobre o mito diga já algo sobre ele: a sua natureza proteica e capaz de deambular por todos os lugares onde o homem se confronta com a realidade e consigo mesmo. E no empenho académico de dar definições e trabalhar com conceitos finos e polidos na pedra esmeril do rigor e da precisão põe de sobreaviso: não é possível uma definição correcta de mito como também a não há do ser humano (Frank, 1989: 96; Duch, 1998: 15s).

Uma consideração filosófica do mito não pode deixar de assumir a seu cargo o que de fundamental actualmente se vai fazendo nos diversos campos das ciências. Além disso, a partir das diferentes abordagens, sugerem-se problemas que obrigam a filosofia a pensar sobre questões tão centrais e básicas como a racionalidade, o sentido, a realidade, o sagrado, a linguagem, etc. O mito confronta-se com a razão de ser da própria filosofia.

Neste capítulo introdutório, queremos unicamente preparar o terreno para este confronto, seguindo os diversos contributos da análise do mito. Mais do que oferecer uma definição, impossível, apresentamos uma série de ideias de base sobre o mito. Trata-se de uma breve fenomenologia do mito, que nos sirva como apresentação de uma problemática complexa.

2.1. A concepção popular

A concepção do mito na linguagem ordinária está longe de ajudar-nos a uma boa compreensão do mesmo. O mito para a linguagem popular tem também estrutura narrativa, mas é uma narração falsa ou sem base nem fundamento: uma espécie de fábula ou conto, como já sublinharam os sofistas. E se nos inclinarmos para o lado das explicações das coisas, o mito vem a ser uma explicação pré-científica, ingénua e ultrapassada. Talvez a expressão que abarca sinteticamente tanto o lado negativo da fábula como a explicação insatisfatória seja a de "conto".

Há um segundo aspecto que a concepção popular de mito recobre: a exaltação das alturas ideais. Alguém chega a ser um "mito", quando pelas suas qualidades se eleva acima dos mortais e é encarado como modelo da sua profissão, desporto ou ofício. Assim, mediante o jogo dos *mass-media* actuais e da publicidade, temos "mitos" mais ou menos conjunturais ou persistentes do cinema, do desporto e até da ciência. Estamos na mitologia trivial da sociedade consumista e de massas. Por esta via, aproximamo-nos da velha concepção da personificação de qualidades ou conceitos abstractos como "o valor", "a beleza", "a sabedoria", etc., uma actualização tosca e grosseira do antigo politeísmo.

É conveniente darmo-nos conta da concepção predominante de mito que percorre a nossa cultura e momento social, para fazermos a devida purificação linguística. Não é este o conceito de mito que aqui vamos apresentar. Ainda que, como vimos, haja um rasto narrativo que aponta para explicações das coisas ou para exaltações de modelos. O imaginário colectivo está sempre escondido por trás das nossas reflexões e está pronto a saltar para o primeiro plano por detrás de qualquer concepção "cientificista" da realidade, que considerará "mítica" ou "metafísica" toda a concepção que não se ajuste aos seus cânones.

2.2. A palavra "mythos"

A palavra "mito" procede da grega "mythos", que, por sua vez, remete para a raiz indo-europeia "meudh" ou "mudh", cujo significado se situa nas proximidades de outra palavra famosa, "logos", e aponta para a "palavra" em movimento comunicativo, isto é, para o "discurso" e também para "relato" e "narração" (Jolles, 1967: 203; Jamme, 1991 a: 22 e 1991 b; Brison, 1996).

Já Heraclito sublinhou que "mito" era a lei que guiava a roda eterna do fluxo das coisas. Mito não era um vocábulo comum dentro do mundo grego; procedia antes do mundo da arte e da literatura. Já Homero apresenta uma notável polissemia, que abarca desde "mythoisi", os eloquentes, os que falam bem, a (*Odisseia*, II, 412; IV, 676) "opinião", "relato", "resposta", "ordem", "ameaça", "conselho", "pensamento". E logo no século V a.

C. encontramos o confronto entre mito e logos. Píndaro é o primeiro que parece ter usado a palavra mito com o sentido de "expressão mentirosa e enganosa", nada afastada, salvo pelo sentido pejorativo, da persuasão retórica. Inicia-se um percurso que passa por Demócrito, Heródoto, Xenófanes... onde mito aparece em contraposição a "logos" como a narração que ninguém pode crer. "Os dicionários gregos apresentam pelo menos quinze usos da palavra "mythos": palavra, discurso, tema tratado neste, discurso público, narração, rumor, notícia, mensagem, diálogo, conversação, conselho, ordem, projecto, decisão e resolução" (Caro, 1981: 205).

Da palavra "mito" deriva "mitologia", que tem um duplo sentido: por um lado, pode significar a série de mitos ou narrações sobre os deuses, e, por outro, desde o estudioso alemão do século XIX, Creuzer, pelo menos, o estudo sistemático, científico das representações e narrações míticas.

2.3. A narração do tempo primordial

Quando quisemos aproximar-nos de uma caracterização breve e geral do mito, apelámos com os estudiosos actuais para a sua estrutura narrativa; mais ainda, para a sua condição de narração das origens ou do tempo primordial. Este pode ser considerado o objecto principal do mito: relatos que contam uma "história sagrada" (M. Eliade) sobre o acontecido nos tempos fabulosos dos "começos" (Eliade, 1961: 18).

O mito é visto a partir desta temporalidade indeterminada como o "relato das origens". Na realidade quando fazemos esta afirmação, temos imediatamente que perguntar de que origens se trata. E a resposta é que nos defrontamos com as origens das coisas. No fundo do relato mítico estão latentes as perguntas pelo início das coisas, a sua razão de ser e o seu próprio ser. O mito responde contando *como* estas coisas começaram. O princípio das coisas esclarece o que as coisas são. A narração mítica confronta-nos com perguntas tão sérias e tão arraigadas no pensamento filosófico, mas sem o ar abstracto e reflexivo que adoptam na filosofia. É uma espécie de "filosofia narrativa" das origens.

Mas no mito não interessam só as coisas; também as realidades sociais e da vida pessoal. Qual é o sentido do casamento ou de tal festa ou rito que celebramos na nossa sociedade? Porque é que há estes comportamentos proibidos? Porque é que esta família detém o poder ou este indivíduo é o rei? Porque é que se semeia deste modo?

Damo-nos conta de que o mito tem que abordar os problemas que denominamos de legitimação de instituições, do poder e, em última análise, da estruturação desta determinada sociedade. O mito tem uma função fundacional e legitimadora — uma tarefa que responde a exigências generalizáveis, mas que adopta peculiaridades de acordo com a situação social e cultural. Mas, em última instância, o mito procura explicar porque é que as coisas são como são e não podem ser de outro modo.

Chegados aqui, diríamos com K. Kerényi (1967: 234-252; 1942: 157--229) que o mito é uma forma narrativo-simbólica mediante a qual se procura exprimir um sentido da realidade. O mito, mais do que de explicações do porquê, ocupa-se do "donde, como, quando" das coisas. Dito de outro modo: o mito não explica tanto as causas ("aitia") como o que está por trás das causas, os fundamentos ou princípios das coisas (a "archê"). O mito é um relato sobre a origem, não num sentido científico, mas em relação ao ser das coisas. O mito exprime, portanto, o que propriamente é e o que vale.

Deste ponto de vista, o mito funda e fundamenta num duplo sentido: enquanto nos remete para as origens ou o absoluto de tudo ("archê katexochén") e enquanto é o fundamento ou solo ("Grund") sobre o qual se erguem as construções históricas, institucionais. Deste modo, o mito também legitima, contribui para o reconhecimento e aceitação "do que há"; dá verdade, estabilidade e orientação à realidade (Pettazoni, 1984: 98-109).

Para alcançar estes objectivos, o mito adopta a forma variada de relato em imagens de deuses, heróis, cosmogonias. Quer dizer, o mito torna-se mitologia de tudo o que pertence ao começo das coisas, da origem do mundo e da humanidade, da vida e da morte, dos animais, das plantas, da caça, da preparação da terra, do culto, dos ritos de iniciação..., como sabemos pelas culturas suméria, grega, ameríndia e os chamados povos primitivos actuais. O mito conta assim como, graças às actuações desses "seres sobrenaturais", uma realidade, total ou parcial, chegou à existência. O mito fala, portanto, não do acontecido *realmente*, no sentido historiográfico, mas do que se manifestou plenamente. Por esta razão, o tempo mítico é "aquele tempo" das origens primordiais, quando tudo arranca ou aparece pela primeira vez. É o "illud tempus" situado para lá de qualquer concreção.

O mito enquanto narração da origem primordial das coisas é um tipo de narração ou relato muito habitual nas sociedades arcaicas. É um tipo de tradição oral próximo da lenda, do conto... Para Lévi-Strauss (1990: 193), as distinções nunca são nítidas e são produzidas pelo mesmo espírito. Caracteriza-se pelo seu anonimato, o que não quer dizer, como diria Lévi-Strauss, que não tenha autoria individual, mas não adquire o estatuto de mito enquanto não for recebida pela colectividade como sua, isto é, enquanto não responder às suas necessidades intelectuais e morais. O mito, portanto, não se produz à vontade. Para K. Kerényi, isso seria instrumentalizar o mito, algo que se fez, como sabemos, em tempos próximos de nós, nesse terrível século XX mobilizado por ideologias que conduziram ao matadouro milhões de pessoas. Ao mito pertence algo com certa espontaneidade na sua produção.

O problema das origens dos mitos é tão insolúvel como o da linguagem: só podemos contribuir com conjecturas que se perdem na obscuridade da evolução humana. Talvez possamos dizer que, desde que o homem teve uma linguagem articulada, contou mitos. Quando poderá ter sido essa época, é algo muito debatido entre os paleoantropólogos. Arguaza e Martínez (1998) reflectem, com os dados actuais, sobre a capacidade de fala do homem, que não parece ter-se desenvolvido de um modo suficientemente complexo antes da chegada da nossa espécie "homo sapiens sapiens", isto é, há aproximadamente 30.000 anos.

O mito enquanto narração – continuemos a fixar-nos nos aspectos que apresenta para os estudiosos – adopta diversas versões. Não há uma representação única, mas várias, que se aceitam simultaneamente. O mito é então como uma grelha que permite decifrar um sentido do mundo, da sociedade, da história, um relato que, ao enfrentar-se com um problema particular, o põe em paralelo com outros problemas. O mito utiliza simultaneamente vários códigos, procura a similitude entre vários problemas. O sentido ou significado obtido adquire-se assim mediante uma espécie de correspondência entre equivalentes. Mas trata-se de alcançar uma visão, ou sentido global, do todo. O mito rejeita a atitude analítica cartesiana que divide e fragmenta os problemas para esclarecê--los; o mito aspira a explicações que englobem a totalidade dos fenómenos. Por isso, Lévi-Strauss (1987: 38) dirá que as visões totalizantes e as filosofias da história pertencem e derivam da ordem do mito.

2.4. A estrutura linguística do mito e os seus problemas

O mito é narração das origens primordiais. Parece que se está bastante de acordo quanto a esta característica do mito. Um relato, portanto, que, como acentuará M. Eliade, se centra fundamentalmente numa "criação": narra-se como algo foi produzido, começou a ser (Eliade, 1961: 18). Seguindo esta linha de pensamento, desembocamos facilmente no mito como desvelamento da actividade criadora dos seres sobrenaturais, isto é, os mitos desvelam a sacralidade ou, melhor, a irrupção do sagrado no mundo.

Ora bem, quando queremos precisar mais esta característica linguístico-expressiva do mito, os espíritos dividem-se. Ponhamos apenas dois exemplos para ilustrar o que já se vislumbra como diversidade de interpretações e visões ou os problemas da leitura do mito (Vernant, 1982: 214).

Segundo Walter F. Otto (1963; 1967: 279s), o mito leva-nos a perguntar pelo homem como o ser falante, o que nos remete para o entendimento da linguagem, da palavra. Para este autor, na palavra o espírito acede ao ser das coisas. A linguagem é assim a essência e o coração do mundo. Daí que nela se dê, apareça, a realidade verdadeira das coisas. O ser das coisas abre-se e aparece na forma ("Gestalt") do divino. Por esta razão, para os gregos, o ser das coisas aparece na forma dos seus deuses. A autoabertura do ser das coisas acontece na palavra em processo, o mito. O mito será assim a palavra que diz o ser, o trabalho do ser. Não é qualquer palavra que é capaz de recolher esta autoabertura do ser, mas apenas aquela que está atenta e sabe recolher o momento agraciado da revelação. W. F. Otto, como K. Kerényi, insistirá em que o mito exige um estado do espírito semelhante ao da poesia, da música, da filosofia: acontece se sabes sintonizar com o tom e ritmo profundo do mundo.

C. Lévi-Strauss coloca-se na posição oposta a estas considerações de Walter Otto e K. Kerényi. Todo o seu estudo e análise dos mitos quis demonstrar justamente que "nunca se chega a um sentido último" (1990: 195). Não se pode considerar os mitos como uma forma de especulação filosófica, seja ela tosca ou sofisticada. Porque o que menos interessa, o contingente dos mitos, é o seu conteúdo, que varia de uma parte para outra da terra; no entanto, o fascinante dos mitos é que se pareçam tanto. Qual é então a substância do mito? Não pode ser os conteúdos ou elementos da composição, mas "o modo como estes elementos se encontram combinados" (Lévi-Strauss, 1968: 190).

Se é certo que o mito pertence à ordem da linguagem, não será a linguagem poética a que mais se assemelha ao mito? Pelo contrário, para Lévi-Strauss (1968: 190), o mito está na escala oposta da poesia. O específico do mito é preciso procurá-lo "por cima" do nível habitual da expressão linguística: nas relações entre as unidades constitutivas do mesmo (mitemas). No fundo, trata-se de encontrar, como num "espelho de aumento", o modo em que sempre pensamos. O que interessa a Lévi-Strauss é descobrir, no conjunto dos mitos, as regras lógicas de permuta e transformação de uns noutros. Não lhe interessa como os homens pensam os mitos, mas antes como os mitos se pensam entre si.

Este breve apontamento será suficiente para assinalar as diferenças tão radicais de enfoque e de interpretação do mito (Vernant, 1994: 190s; García Gual, 1976 e 1992). Será preciso tê-las em conta em qualquer consideração sobre o mito. Sirvam como contraponto ao que aqui vamos considerando como uma breve fenomenologia do mito.

No fundo, encontramo-nos com o problema de como se relacionam o nível narrativo do texto e a denominada arquitectura estrutural. Como se articulam estes dois planos? Pode atender-se a um e prescindir do outro? Parece que não se pode prescindir da estrutura narrativa, das suas regras e formalizações, da gramática do relato, e que a inteligibilidade dos mitos também se não esgota mediante a mera descodificação da estrutura profunda. Esta reserva de P. Ricoeur frente a Lévi-Strauss parece ser plenamente válida. J. P. Vernant (1994: 216s) aposta numa metodologia e leitura do mito que façam justiça aos dois aspectos. Mas, com isso, ainda não teríamos resolvido algumas das aporias a que a análise e a interpretação do mito parecem levar.

Como se relacionam o sentido intelectual do mito e o contexto sócio-histórico em que se produziu? Este problema ou aporia entre sincronicidade e diacronicidade desafia continuamente o intérprete. O mesmo se passa com as polaridades, equívocos, ambiguidades que percorrem o mito: como exprimir e formular esta lógica que amiúde atenta contra o princípio de não contradição e que parece situar-se para lá da lógica binária, do sim e do não, tão querida e detectada por Lévi-Strauss (1983: 627-628) no fundo da estrutura mítica e de toda a ordem da realidade?

2.5. As funções do mito

Esta breve visão do mito ficaria ainda mais incompleta e amputada, se não assinalássemos algumas das suas principais funções. Porque o mito — já apresentámos alguns apontamentos sobre isso — possui uma série de virtualidades que realizam importantes funções metafísicas, de sentido, psicológicas, sociais, etc. Trata-se de um modo de nos aproximarmos da enorme capacidade significante, ordenadora, legitimadora..., que fazem do mito uma forma cultural de grande importância.

2.5.1. *O mito vinculado ao rito*

Discute-se entre os especialistas se o rito não está antes do mito (Harrelson, 1987; E. O. James, 1950). É assim para as escolas do mito e do rito ("Myth and Ritual School"), tanto na sua versão britânica, com figuras como S. H. Hook, como na escandinava, com S. Mowinckel. Mais ainda, se o mito autêntico, como opina Walter F. Otto olhando para a Grécia, não é o que se refere ao culto. Para este estudioso da cultura e da religião gregas, mito e rito caminham intimamente unidos (F. Díez Velasco, 1997: 7s). Talvez seja certo que o rito precedeu o mito, como a acção não verbal precede a verbal e a possibilita. Para E. Cassirer, "o ritual é anterior ao dogmático tanto num sentido histórico como psicológico" (1994: 123).

Sem dúvida, no fundo está latente a lembrança da afirmação de Goethe: "no princípio era a acção" ("Im Anfang war die Tat"), e, entre os estudiosos, tem peso a visão funcionalista da escola de Durkheim sobre o rito e os rituais (Mauss, 1979; Cazeneuve, 1972; Caillois, 1984).

O rito (=*ritus* = ordem) ou símbolo em acção tem a virtualidade social de funcionar — digamo-lo plasticamente com três imagens (Driver, 191: 27s) — como:

— *Um caminho ou senda* que indica o modo de comportar-se e actuar socialmente. O mito através do rito leva à imitação exemplar do herói ou deus mítico, já que o mundo dos seres sobrenaturais é o mundo em que "as coisas aconteceram pela primeira vez". Toda a sociedade — não só a primitiva — possui um conjunto coerente de tradições e concepções do mundo que tem que ser transmitido às gerações seguintes. Esta revelação gradual ao noviço é o que se chama entre nós socialização, educação, e implica cursos e ritos de iniciação (Eliade, 1986: 10s; Gennep, 1986).

— *Um escudo ou lar* que protege o indivíduo e o grupo dos perigos do desconhecido, da improvisação, do perigo... O saber/fazer ritualizado, transformado em hábito, vai formando o núcleo primeiro da institucionalização social e tem como consequência uma distensão psicológica que liberta energias e tempo para a criatividade (Berger/Luckmann, 1974: 74s). O homem repete o que se deve fazer, isto é, o primordial e arquetípico, e liberta-se do morto ou sem sentido, experimentando também incitações para criar novas perspectivas.

— *Representa e exprime a alma ou o espírito da comunidade*, a "communitas" de que fala V. Turner (1988 e 1978: 243s) e pela qual cada indivíduo participa e se sente vinculado à comunidade ou sociedade aos seres sobrenaturais. Entramos em comunhão com os outros e, ao mesmo tempo, saímos do tempo pessoal e histórico e submergimo-nos no trans--histórico.

Esta vinculação mito-rito através das imagens sugeridas indica-nos já o poder significativo que o mito tem. Penetra fortemente na cultura e chega até à motivação, impulso ou paralização da acção humana.

2.5.2. Funções gerais do mito

O estudioso norteamericano do mito J. Campbell (1997: 124 s; 1991: 64 s; 1997; Sega, 1984) sintetizou em quatro as funções do mito. Têm a virtualidade de recordar-nos o espectro amplíssimo que o mito abarca.

Em primeiro lugar, situa a função mística ou metafísica de *reconciliação da consciência com as condições prévias da sua própria existência*. O mito confronta-se com o mistério tremendo da vida e dá uma resposta que percorre as três atitudes fundamentais possíveis: a do sim afirmativo, sem sentido de culpa pessoal ou colectiva, com gratidão e euforia. Para Campbell, esta atitude percorre os mitos do mundo primitivo. Mas existe toda uma visão pessimista da vida, a que encontrou expressão em Buda (século VI a. C.): a "vida é sofrimento", cujo eco ressoa no schopenhaueriano "a vida é algo que não deveria ter sido!" No mundo do mito tem a sua expressão nas mitologias da "Grande Inversão", próprias sobretudo da Índia neste tempo búdico.

Por fim, está a atitude do "sim, mas", isto é, da afirmação da criação como boa, mas com o mito da queda e do pecado original e a restauração messiânica do estado paradisíaco ou da criação primigénia, que forma o grande complexo de cultos messiânicos que percorrem o zoroastrismo, o judaísmo, o cristianismo e o islamismo.

A segunda função do mito é cosmológica: a de *formular e apresentar uma imagem do universo*, oferecer uma imagem totalizante onde todas e cada uma das coisas tenham o seu lugar. Esta cosmologia, anterior a qualquer teoria do universo, é fundamentalmente uma maneira de dar sentido e integrar todo o existente numa visão significativa.

A terceira função é sociológica: a *de validar ou manter uma ordem social específica* — da hierarquia real ou faraónica à das castas, da ordem moral ao direito incipiente. No mais fundo deste domínio, está latente uma série de mitos. Dada a sua relevância, desenvolvemo-la de modo breve na secção seguinte.

A quarta função é psicológica: *dar forma aos indivíduos para que alcancem as metas e ideais dos seus diferentes grupos sociais*. Tem como finalidade que o ser humano seja capaz de enfrentar os irredutíveis problemas psicológicos que desde a infância até à morte o vão acompanhar:

relação com a mãe, o pai, o outro sexo, a lenta constituição da identidade, a entrada na idade adulta, etc., mitos que revelam o que a psicologia das profundidades e a psicanálise denominaram o inconsciente. Faremos uma breve menção mais à frente, adiantando o que será objecto de um tratamento mais pormenorizado.

Esta breve visão geral das funções do mito talvez tenha servido para despertar a nossa supresa: terminar esta parte maravilhando-nos, com J. Campbell (1997: 130), com "a força integradora e estruturadora da vida" que o mito possui, tanto as grandes como as pequenas mitologias da humanidade.

2.5.3. Funções sociais da palavra em processo

O símbolo narrado ou mito possui tal número de funções sociais fundamentais que bem podemos dizer que o mito é imprescindível na vida dos humanos. Quem diz sociedade diz mito. Nem todas as funções, claro está, se vivem actualizadas em cada momento, mas o seu conjunto – apontado por numerosos estudiosos, a partir de perspectivas diversas – torna o mito credor de potencialidades extraordinárias para a vida social. Apresentamos a seguir uma antecipação da importância do mito no diagnóstico social.

— O mito ("legein" = reunir, pôr ordem, dar sentido) ajuda a colocar cada coisa no seu sítio. As funções metafísica e cosmológica estão no subsolo das funções sociais. Como já dissemos, mediante o mito, é-nos dada uma visão da realidade e do mundo, "o realmente acontecido no mundo". Deste modo, damos sentido e integramos a ruptura com a realidade que o ser humano vive e experimenta; é-nos oferecida uma sutura para a ferida do homem com a natureza. O mito exerce esta função inter-relacionadora através da sua natureza simbólica, que remete esta realidade para outra de uma ordem distinta.

— Os comportamentos, os costumes e as instituições legitimam-se ou justificam-se, referindo-os ao "in illo tempore" em que foram queridos e fundados pelos deuses. A "obsessão do começo", como lhe chama M. Eliade, que existe em todo o mito, leva a copiar a criação por excelência, o momento primeiro, legitimando-se assim o estabelecido.

— O ser humano vive sempre perante o medo ou ameaça da "absolutidade do real" (H. Blumenberg) e perante a angústia do seu contrário, a necessidade de ter algo duradouro e fixo. O mito proporciona a certeza de que algo, com ordem e sentido, é persistente. Esta função metafísica tem a sua consequência social: o mito permite distinguir e reter o real. Proporciona segurança ao homem frente à novidade e na inquietação indica um caminho: imitar o exemplar, o originário.

— A verbalização da realidade no mito, ainda que seja com todas as contradições e diferenças que Lévi-Strauss notou, proporciona uma espécie de transparência à realidade. Sem esta verbalização, a realidade fica opaca e impenetrável, ameaçadora. O modo de fazer com que o homem perca o medo da realidade e se sinta mais solidário com o mundo é verbalizando esse mesmo mundo. O mundo torna-se assim significativo: torna-se dizível, acessível e apreensível.

Algo de tudo isto era já sabido na antiguidade: um grego do século I a. C. estabelecido em Roma, Dionísio de Halicarnasso, nas suas *Antiguidades romanas*, afirma que "certos mitos gregos são úteis para os homens, pois uns expõem as obras da natureza mediante alegorias, outros consideram-se consolo dos infortúnios humanos, outros afastam as perturbações e temores da alma, ao purificar crenças malsãs, e outros estão compostos para qualquer outro proveito" (E. Jiménez/E. Sánchez, 1984: 181). O mito trágico era um meio de narrar o conflito e obter assim a catarse, de criticar os deuses ou de pôr em tela de juízo a orientação política, sem provocar rejeições nem correr perigo.

2.6. O mito como expressão do inconsciente

A orientação da psicologia profunda de C. G. Jung e da sua escola insistiu nos mitos como "uma projecção do inconsciente colectivo transpessoal". Para Jung e os seus seguidores, o mito é um produto colectivo, de raiz inconsciente, surgido no decurso da evolução humana e no esforço individual por chegar a si mesmo.

O mito remete-nos para o processo da origem da consciência humana tanto colectiva como individual, isto é, para o ser humano considerado tanto filogenética como ontogeneticamente (Neumann, 1973). O caminho milenar da humanidade em direcção ao despertar da consciência e da sua maturação deixou vestígios tão profundos no inconsciente participado por todos ("inconsciente colectivo") – ou pelo menos na vida inconsciente que surge das acções colectivas havidas dentro de uma tradição – que cada indivíduo, quando inicia o seu percurso próprio, se encontra com as marcas deixadas pelos seus antepassados e que lhe chegam como "arquétipos" ou "imagens primordiais". Quer dizer, a "relação primordial" ("Urbeziehung") que a criança estabelece com a mãe ou quem faz as suas vezes é uma unidade fusiva, tão intensa, que deixa marcas permanentes. A criança fica modelada segundo modelos ou um estilo que vão ser determinantes para a sua concepção do mundo, dos outros seres humanos e do seu comportamento. Estas primeiras relações têm tal persistência que formam a trama ou urdidura sobre a qual se tecerá o resto da vida. Mediante esta série de "relações transaccionais" (R. Carballo, 1996; Neumann, 1973: XVI), transmitem-se quase hereditariamente através das gerações os modos e maneiras, também os conflitos e problemas, do psiquismo.

Jung dirá que as "imagens primordiais" são uma espécie de "formas pictóricas dos instintos" pelas quais o inconsciente se revela à consciência. Estas pegadas colectivas profundas aparecem na forma de uma série de símbolos básicos que se repetem e reiteram, diferentemente combinados, em narrações ou mitologemas das mais diversas culturas. Para Jung e os seus discípulos, a persistência de uns tantos, não demasiados, símbolos ou imagens primordiais que se repetem em praticamente todas as culturas, corrobora que os mitos não são fruto de uma fantasia arbitrária e cambiante, antes exprime uma estrutura profunda do psiquismo do ser humano.

Deste modo, o mito é um depósito magnífico de experiências colectivas e individuais inconscientes. A sua interpretação adequada permite o acesso privilegiado a uma dimensão da realidade humana que, de outro modo, ficaria oculta. O mito é uma via de conhecimento dos níveis do inconsciente, ou, melhor, do processo humano de aceder à consciência.

Uma dimensão tão importante do fazer-se humano abre-se-nos e está ao nosso alcance graças ao mito. Assim, apercebemo-nos igualmente de que por esse meio se canalizam vivências privilegiadas da humanidade e de cada indivíduo, que, de outro modo, ficariam tapadas e na obscuridade mais negra. E, não menos importante, o mito dá-nos acesso a uma certa estruturação simbólica de intuições humanas profundas acerca das questões fundamentais, já que o ser humano teve de enfrentar-se, desde a primeira percepção da não adequação dos seus automatismos aos seus desejos, com o intento de compensar psiquicamente a pobreza da sua dotação instintiva.

O mito é, portanto, para a escola jungiana, uma narração simbólica, fruto da projecção do inconsciente colectivo transpessoal.

2.7. Conclusão

O mito aparece fundamentalmente como uma estrutura narrativa de tipo simbólico. É de carácter colectivo, primordial, não conscientemente racional nem inventado de modo interesseiro para um objectivo. Os símbolos que o exprimem são inconscientes, colectivos, não privativos de nenhum indivíduo e, presumivelmente, universais. Exprimem, portanto, as dimensões sociais, culturais e do psiquismo profundo mais importantes da vivência acumulada do ser humano no seu processo de humanização e de personalização.

Por esta razão, as realidades humanas mais profundas e variadas reflectem-se de alguma maneira e deixaram o seu vestígio nos mitos; de modo especial está latente neles a necessidade de autocompreensão do homem e de dar sentido ao mundo e à sua vida. Ao mesmo tempo entende-se que o mito influencie a vida humana, ordenando-a, iluminando-a e orientando-a. Não devemos esquecer a forte influência do mito, via rito, na práxis humana.

PARTE II

AS DIMENSÕES DO MITO

Apontámos a complexidade do mito. Considerações reflexivas sobre o mito que não queiram ser reducionistas não podem deixar de ter em conta a diversidsade de disciplinas, enfoques e aspectos que percorrem o tema. Assumimos deste modo as diferentes teorias e problemas que percorrem este campo. E fazemos nossa também a riqueza de perspectivas e questões para as quais abre o mito. Sem exagero, podemos afirmar que não existe um autêntico problema humano que não tenha algo a ver com o mito. Veremos como as questões filosóficas mais importantes compareçem também à volta do mito. Não é de estranhar que, em tempos de passagem de umbral, de repensar a marcha do pensamento iluminista, de confrontá-lo com as grandes hecatombes do século XX e face aos desafios do novo milénio, o mito tenha voltado ao palco.

O mito regressa para obrigar-nos a repensar as questões fundamentais. Já E. Cassirer viu que "não existe fenómeno natural nem da vida humana que não seja capaz de uma interpretação mítica e que não reclame semelhante interpretação". O mito regressa para exigir que se preste mais atenção a uma série de questões que se jogam no seu fundo. O interesse deste retorno do mito encontra-se aqui.

Todo o humano está grávido de ambiguidade. Esta caracerística humana morde profundamente toda a importância do ser e do agir do ser humano. O mito também pode ser um modo de escapar evasivamente à realidade e às exigências do pensamento. Teremos, portanto, que não perder de vista esta dupla face, ambígua e crítica, do retorno do mito. Para isso, queremos percorrer alguns dos chamados âmbitos do mito, a partir de uma sensibilidade que confessámos filosófico-cultural.

3
Mito. História e realidade

Vimos que o mito oscila entre a concepção vulgar que o arruma no espaço das lendas e contos, puras convenções com escassa ou nula relação com a realidade, e a opinião dos estudiosos que situam o mito no âmbito do real em diversos níveis.

Neste capítulo, quereríamos abordar a questão espinhosa e não resolvida da relação entre mito e realidade. Esta relação existe, ainda que no momento de precisá-la, isso dependa de cada caso concreto e da perspectiva de cada disciplina.

3.1. O mito e a história: uma união estreita e insolúvel

No fim do capítulo anterior, dizíamos que o mito realiza uma série de funções que o colocam em relação estreita com a realidade social (Díez Velasco, 1997). O mito influi na realidade social: legitima ou deslegitima a realidade política de um povo ou cidade, como testemunha o diálogo platónico *Minos* (318d), quando, face à descrição do rei Minos como um homem cruel, duro e injusto, Sócrates responde que "isso é, querido, um mito ático e trágico". Estamos então a ver que o mito se situa no âmbito da realidade com intenção, por parte dos que o esgrimem, de influir nela. Isto leva-nos ao confronto com a variabilidade do mito: as diferentes versões contrapostas orientadas para adaptar-se ou criticar a realidade.

Mas, neste capítulo, quereríamos, se é possível, colocar o tema para lá desta visão histórica, sugestiva e aberta, que poderia repetir uma vez mais a expressão recolhida por E. Cassirer: "hoje em dia sustenta-se já que não se pode levar a cabo uma separação lógica clara entre mito e *his-*

tória; pelo contrário, sustenta-se que toda a concepção histórica tem que estar impregnada de elementos míticos e necessariamente ligada a eles" (1972, II: 14). Não admira que G. Dumézil afirmasse que "o mito e a história ficam, pois, inextricavelmente misturados" (1984). De que modo é que o mito diz relação à realidade histórica?

3.1.1. *O mito usa e transmite dados históricos de fundo*

Um dos modos em que o mito se torna presente na história dos historiadores é este: proporcionando rastos de informação sobre o mundo dos factos, da geografia (Díez de Velasco, 1997: 19-45), dos costumes dos povos. Lévi Strauss também reconhece que o mito leva, indirectamente, ao conhecimento de múltiplos aspectos da sociedade, especialmente dados sobre a flora, as plantas medicinais, alucinogéneos, animais... "Os mitos ensinam-nos muito sobre as sociedades de onde procedem, ajudam a expor os recursos íntimos do seu funcionamento, esclarecem a razão de ser de crenças, costumes e instituições cujo plano parecia incompreensível à primeira vista" (1983: 577). As investigações de G. Dumézil e dos seus discípulos puseram a claro um fundo de relações que envolvia a Europa desde as mesetas iranianas e da Turquia até às Ilhas Britânicas e à Escandinávia. São dados importantes para o historiador, que têm a sua constatação nos vestígios e semelhanças que os mitos manifestam.

O tratamento historiográfico é diferente do mítico: há um salto ou ruptura epistemológica. Esta ruptura entre o mito e a história é tão lenta como o próprio processo da evolução cultural. Hoje sabemos que a passagem do mito e da lenda épica à historiografia, de Homero a Heródoto e posteriores, notória nalguns pontos, noutros continua uma relação que precisará de mais tempo. Depois dos estudos de Cornfort, Vernant, etc., sabemos hoje da persistência e acompanhamento da mentalidade "mítica" dentro do pensamento. O chamado "iluminismo jónio" – que, parece, marca a passagem à reflexão filosófica — exigiu o seu tempo para que o chamado "milagre grego" tivesse lugar. Como sugere Vernant, talvez seja preciso esperar pela organização política da cidade para situar a passagem ao pensamento racional.

PARTE II – AS DIMENSÕES DO MITO

Há outro modo de o mito nos dar realidade, para lá dos contributos de informação sobre objectos da dita realidade: poderíamos denominá-lo *o modelo de apreensão da realidade*. Quer dizer que o mito configura, compõe, estrutura um modo de ver e captar a realidade. A configuração histórica, por exemplo, permite-nos captar algo desta configuração mental mediante a qual acedemos à realidade. Mas não é a única. Aponta-se aqui um tema que terá depois uma maior explicação, mas que vamos ver agora refractar-se nas considerações que se seguem sobre o sentido da história.

3.1.2. O sentido da história

História, para lá do relato de acontecimentos efectuado sob um controlo crítico, científico, remete para o conjunto total desses acontecimentos, isto é, para o que o homem faz ou sofre (P. Ricoeur, 1987: 274). Situamo-nos já no modo como uma determinada cultura interpreta o seu modo de existência histórico. Entendida a história como experiência vivida, não há dúvida de que se situa em relação estreita com o mito, já que este está na raiz da compreeensão do sentido da realidade.

Mas há que evitar as relações demasiado lineares e simplistas. O modo de relação entre mito e história a este nível surge através da mediação de uma terceira categoria: o tempo. Algumas das investigações e reflexões sobre esta relação indicam-nos que devemos fugir do confronto entre tempo cíclico e tempo linear. Quase todas as civilizações podem oferecer mitos com esse pano de fundo. À primeira vista pareceria que o tempo do mito é cíclico. Mas não é exacto. Também não é linear. Seria melhor dizer que é tridimensional: possui um passado que não está ausente (o mito aconteceu "in illo tempore", mas é real e efectivo hoje); aponta para um futuro que não chegou, mas que já começou; e está num presente liberto que, no entanto, depende do passado e do futuro. A questão radica antes, portanto, no modo como o fundo mítico dominante em cada cultura trabalha e elabora o tempo.

No que se refere às duas grandes tradições que proporcionam sentido à história na nossa cultura ocidental, Atenas e Jerusalém, o mundo clássico e o mundo bíblico, deparamos com que ambas as tradições: a) rompem com o mito mediante a crítica, no caso grego, ou mediante a confissão teológica historicizada, no caso bíblico; b) mas reinventam o mito, introduzindo-o na filosofia como narração — caso de Platão —, ou como mito historizado e fracturado que se apresenta num relato da criação — caso do escritor denominado "Javista" na Bíblia (Ricoeur, 1987: 281; Leeuw, 1950: 11-51).

Quanto à concepção histórica de um povo ou cultura, parece mais claramente presente na Bíblia do que no mundo grego. A historiografia grega introduz uma certa familiaridade com a sucessão temporal e com a cronologia. Mas é uma relação pragmática. No fundo, talvez prevaleça mais uma concepção "natural" da ordem do mundo, das suas leis e movimentos, do que a consciência do decurso histórico; podemos inclusivamente perceber já o ideal de um tempo contínuo que progride sem cessar. Trata-se de uma concepção do tempo onde não há verdadeira surpresa nem novidade. Avista-se um futuro como mero desdobrar da situação contida no presente. Deste ponto de vista, a mente semita oferece uma confissão de fé em forma de credo histórico: a crença em Javé que tirou o povo do Egipto e o conduziu à terra prometida (Deut. 24, 5-9; Jos., 24, 2-13). A narratividade instala-se no centro da confissão; há a introdução da temporalidade no coração da fé. Mas não falta a intemporalidade da lei, como a antecipação profética e a "momentaneidade" daquele que louva e canta. Hoje, frente aos estereótipos fáceis, sente-se mais cuidado no momento de dizer que a Bíblia oferece uma concepção linear e irreversível do tempo. É mais exacto dizer que há uma pluralidade de vozes e concepções.

Como se põe actualmente em relevo (R. Mate, 1997: 182s), existe inclusivamente uma ênfase na recordação, na memória, como característica da fé bíblica: nada do passado, especialmente o daqueles que morreram de acordo com a vontade de Deus, apoiando a justiça e a liberdade, ficará perdido. O passado fica guardado na memória e apela à esperança que se torna promessa de um futuro aberto em Deus. O futuro só será tal, se assumir o passado dos mortos e dos vencidos: esta dimensão de redenção do passado tornou-se presente na reflexão teológica mediante o que se denominou a "memoria passionis". E fica como dimensão do tempo presente inclusive na racionalidade. A "racionalidade anamnética", como lhe chama Johann Baptist Metz (1989: 739), é o intento de recolher na história do espírito ocidental esta dimensão do pensamento tocado pelo tempo que não esquece: um pensamento ("Denken") que é recordação agradecida, que estranha e nota a falta da presença dos ausentes que possibiltaram este presente ("Eingedenken"). Não é uma recordação compensatória, mas uma dimensão do próprio pensamento e da percepção do mundo que pressupõe um tempo liberto. Daí que seja uma dimensão da razão que se torna crítica e resiste à concepção puramente instrumental, tecnocientífica e à indústria cultural que olha para um pretenso progresso ligado a um tempo linear e neutro para a frente. Para o pensamento bíblico, não há tempo neutro. O tempo, com a sua carga de memória dolorosa do passado, está sempre presente na visão da realidade e no sentido da história com uma pergunta pungente: ou há sentido para esse passado ou não há sentido para a história.

Através desta tensão para o futuro liberto — antecipado simbolicamente mediante o relato da recordação da origem, da festa e do rito —, introduz-se uma concepção messiânica do tempo e da história: não estão cerrados nem clausurados, mas abertos, e em qualquer momento pode irromper o Messias, interrompendo a ordem presente, como gostava de dizer W. Benjamin. A chamada concepção messiânica da história mergulha as suas raízes nesta fé esperançada. Actualmente, J. Derrida (1996: 27s) deu-se conta de que, se abstractizarmos esta tensão, encontramo-nos com a estrutura da concepção messiânica da política. Esta vive de um performativo de promessa ou crença em que a história está aberta e pode ser de outra maneira. Mas é do fundo desta tradição bíblica que arrancaram de múltiplos modos e maneiras todos os desígnios revolucionários que percorreram a história ocidental. O messianismo político, intimimamente vinculado às chamadas ideologias mito-utópicas (P. Berger, 1990), é um dos fenómenos mais característicos da história política e social ocidental. Uma das últimas manifestações históricas secularizadas foi, sem dúvida, como de modo certeiro aponta G. Steiner (1997: 398), o movimento socialista.

Estas reflexões querem mostrar a importância cultural e sócio-política de um tema que está enraizado nas articulações do pensamento e da práxis do Ocidente. Não se pode pensar sobre a história europeia e ocidental, sem saber que estamos a caminhar sobre a presença de um mito historicizado e reinventado.

3.1.3. A história: o mito do Ocidente

Estamos a ver que os modos de considerar a realidade estão fortemente ligados ao fundo mítico de uma cultura. Os traços que resumidamente sintetizámos sobre a concepção do tempo no Ocidente – como fruto do trabalho e reflexões de muitos investigadores – vão configurando um horizonte temporal ou concepção do tempo dentro do qual, membros desta cultura, vemos e interpretamos os factos e os acontecimentos. Vai-se formando assim um modo peculiar de ver a realidade no "mundo ocidental". Podemos dizer que nos configuraram um modo de ver e entender, que podemos conceber, mais do que como determinados conteúdos, como um molde mental ou "forma mentis", na qual se configuram as coisas. É mais uma rede de relações que um conteúdo ou substância; é o que se costuma denominar "mundo cultural" ou simplesmente cultura. A cultura aparece assim como um horizonte de sentido referido a formas mentais ou modos de ver a realidade, de interpretar os factos e os acontecimentos. O horizonte, como já tinha visto E. Husserl, não se apreende; é o que nos permite enquadrar e conhecer a realidade, embora ele mesmo se nos escape sempre que procuramos captá-lo.

De que dependem estas formas mentais? Como surgem estes "modos de ver a realidade", que fazem com que a nossa visão seja considerada "científica", "cristã", "hinduísta", etc.? Poderemos ser entendidos, se dissermos que surgem de um fundo mítico. Há sempre um mito por trás de cada uma das diferentes cosmovisões (R. Panikkar, 1994: 29; 1989: 206-220). Só somos conscientes das nossas diferenças cosmovisionais na contrastação cultural. Então caímos na conta de que as diferenças se estabelecem entre os "mythos kosmos" em que cremos estar a viver. Esta diferença mítica fundamental marca a verdadeira diferença cosmovisional.

Pois bem, cada vez parece mais claro aos analistas interculturais que a cosmovisão ocidental ou vivência da realidade própria da nossa cultura ocidental é a histórica. Na visão histórica, do desenrolar do tempo a partir de um passado para um presente e sobretudo para um futuro (Panikkar, 1993: 84s), situamos instintivamente as nossas percepções. As coisas têm sentido, inteligibilidade, se se situam no horizonte histórico. As nossas acções humanas dirigem-se quase sempre para um fim: estão escatologicamente orientadas e condicionadas. Vivemos numa espécie de projecto constante, como quem caminha sempre para um lugar ou objectivo concreto. A morte aterra-nos porque corta os nossos projectos, frustra os nossos sonhos (Panikkar, 1996: 665). Inconscientemente, valorizamos, "sacralizamos", o ponto de vista, a análise, a valoração histórica, como a verdadeira e a que nos dá ou permite o verdadeiro acesso à realidade. Ora bem, esta é uma peculiaridade ocidental. O mundo oriental, em geral, não vive com este mito de fundo. Pelo contrário, pode-se pensar que considera tudo o que aparece como histórico desvalorizado e sem consistência, como aparência, "maya", que é preciso superar para situar-se na realidade autêntica. A vida enquadra-se no presente. Viver a vida em plenitude significa vivê-la hoje sem esperar para amanhã, sem reservar energia nenhuma para o futuro. Assim se compreenderá que, como costuma repetir R. Panikkar, o que para um cristão ocidental é um motivo de orgulho e até fundamentação racional da sua fé — que Jesus foi uma personagem histórica em contraposição a Krishna — seja valorado de modo inverso e como um escândalo ou alvo de risota por um hinduísta. No fundo estão latentes duas concepções ou pontos de vista apoiados em dois fundos culturais diversos. A diferença cosmovisional é a diferença mítica fundamental.

O Ocidente também não viveu sempre esta paixão pela história. Como dissemos, é verdade que a historiografia nasce na cultura ocidental. Mas a história que fazia Heródoto ou Tito Lívio é uma história de vidas exemplares mais do que uma descrição, o mais exacta possível, dos acontecimentos. Importava-lhes mais oferecer e preservar modelos exemplares do que o conhecimento exaustivo dos acontecimentos. Este estilo de história tem muitas semelhanças com o que predomina noutras culturas.

A novidade que se introduz na historiografia do século XIX é de outro cariz: procura a reconstituição do passado "tal como foi". É uma paixão científica e que quer dar conta exacta dos factos.

Mircea Eliade efectua uma interpretação sugestiva desta paixão europeia, ocidental, pela história. Segundo este historiador das religiões, o confronto com o mundo hindu é muito significativo: descobre-nos um *simbolismo arcaico da Morte* (1991: 32s). O homem ocidental está preso da angústia ligada secretamente à consciência da sua historicidade. Quer dizer, a paixão pela história exacta dos factos estaria a reflectir, na perspectiva do simbolismo religioso, a consciência da historicidade de toda a existência humana e, por conseguinte, implica directamente a angústia face à Morte.

Mas o modo como o homem moderno se confronta com esta consciência temporal e o medo frente à morte diferem muitíssimo dos das culturas arcaicas ou da cultura hindu: para estas, significa que a realidade é contingente, passageira; a Morte é o trânsito para o Definitivo. Daí que a angústia que a Morte produz fique esconjurada mediante o rito de passagem para outra modalidade de ser, isto é, não tem nada de confronto com o Nada, como acontece com o homem da cultura secularizada ocidental. Para este, no entanto – aqui está a novidade da angústia face à Morte —, a Morte significa o fim absoluto. A descoberta da historicidade radical do ser humano é ao mesmo tempo o confronto com o Nada. O homem ocidental vive a história como a revivência da sua existência total. Trata-se de uma espécie de anunciador da sua morte próxima; o último esforço por reter algo antes de desaparecer. Inconscientemente, defende-se contra a pressão da História através de uma anamnese historiográfica, último resto mítico de um intento de rememoração de "tudo o que aconteceu no Tempo histórico" (Eliade, 1961: 154s). O mundo moderno ocidental, dir-nos-á M. Eliade (1961: 35), assemelhar-se-ia à situação do homem tragado pelo monstro, que luta nas trevas do seu ventre ou que se perdeu no labirinto, e está angustiado, crê-se já morto e sem saída: só, perante o Nada, a Morte.

Digamos, antes de passar a outra secção, ainda que mais adiante voltemos a estas questões tão fundamentais, que agora compreendemos melhor como, por trás das incompreensões ou falhas no diálogo intercultural e inter-religioso, o que realmente está subjacente é a diferença cosmovisional, isto é, o horizonte mítico.

3.2. O mito e a estrutura social

Foram G. Dumézil (1958; 1996; Caillois, 1993; Scott Littleton, 1987: 204-213) e os seus discípulos que apresentaram as análises e hipóteses mais sugestivas sobre o contributo da mitologia para o desvelamento da estrutura social, concretamente do mundo indo-europeu. A mitologia manifestou-se assim como um lugar privilegiado para analisar o fundo social e a representação colectiva de todo um mundo de fala. O sistema mítico-religioso e o social mostram um equilíbrio surpreendente.

Para G. Dumézil, que é considerado o pai fundador da nova mitologia comparada no mundo indo-europeu, a mitologia desvela uma série de "factos sociais" e de "representações colectivas". No fundo, está latente a tese durkheimiana dos "factos sobrenaturais" como expressão da estrutura social.

G. Dumézil descobre três funções básicas como expressão de uma *ideologia tripartida* que tem as suas manifestações sociais e sobrenaturais em toda a sociedade indo-europeia. Segundo este paradigma, a sociedade indo-europeia está estratificada em três classes: a sacerdotal, a guerreira e a comerciante ou trabalhadora, que correspondem à estrutura tripartida do panteão indo-europeu e às três funções de organização social (a soberania cósmico-jurídica com todas as suas implicações, o exercício do poder militar e a atenção à alimentação, saúde e bem-estar das pessoas). O panteão hindu Varuna, Indra, Nasatya ou Ashvin corresponde ao romano Júpiter, Marte e Quirino, ao nórdico Odin, Tor, Freyr ou ao herói cita Targitaus, que possui os três símbolos de ouro (a taça, o machado e o jugo), etc. Da Índia à Irlanda encontramos a tríada arcaica que percorre a sociedade e os deuses.

A discussão e a contrastação levaram G. Dumézil e alguns discípulos a posições de alguma maneira próximas de Lév-Straus. Sob a ideologia tripartida, Dumézil sugeriu que existe uma dicotomia de divindades de "luz" e "trevas", que talvez reflicta uma estrutura binária que subjaz a toda a estrutura social e sobrenatural tripartida. No fundo, estaríamos a tocar não um caso especial, o dos indo-europeus, mas a estrutura profunda do "homo religiosus" e, como gostaria de dizer Lévi-Strauss, da mente humana e de toda a realidade. Alguns dos seus discípulos, B. Lincoln e Jaan Puhvel, sugerem até que por trás da ideologia tripartida existe uma "cosmologia elusiva" na qual um ser primordial mata o irmão e com o seu corpo cria o mundo ou funda a cidade (caso de Roma). O tema dos dois irmãos gémeos, repetido em toda a mitologia e interpretado nesta linha pelos discípulos de Dumézil, conduz a uma série de questões muito importantes para o estudo das religiões: a ideologia tripartida tem a sua origem neste sacrifício primordial? Emergem as três funções sociais fundamentais do fratricídio original? Encontramo-nos perante aspectos fundamentais da religião e da sociedade (Scott Littleton, 1987: 212).

3.3. Mito e realidade

Estamos a ver que o mito se encontra no fundo da nossa compreensão da realidade. A questão das relações entre mito e história leva-nos, sem forçar, à questão mais radical: a da relação do mito com a realidade.

Descobrimos que o nosso acesso à realidade se efectua sempre através de certas "formas", estruturas mentais ou rede de relações que configuram a nossa visão e entendimento, o nosso enfoque e ponto de vista. Este escapa-se-nos a nós próprios enquanto não entramos noutros enfoques ou pontos de vista distintos, que nos permitem tomar alguma consciência dos nossos pressupostos. Assim, podemos dar uma explicação científica a um pesadelo em que tivemos uma conversa com o nosso avô morto há bastantes anos, e seguramente o nosso médico indagará sobre a ceia copiosa daquela noite ou razões parecidas. Mas se esse facto sucede numa tribo primitiva – ou então entre adeptos propensos à parapsicologia ou ao espiritismo na nossa sociedade —, o sonho será interpretado segundo os parâmetros de uma comunicação de um antepassado que quer advertir sobre algo, como, por exemplo, o que me vai acontecer no futuro próximo. Encontramo-nos com dois esquemas ou cosmovisões que permitem ler, interpretar a realidade, de modo muito distinto. Dois modos de ver a realidade, um racionalista e desencantado, diríamos com M. Weber, e outro "reencantado". O mito aparece assim como *apalavramento* (Ortiz Osés, 1993: 13; Bölle, 1987: 262) da realidade. A grande relação do mito com a realidade está aqui: não há realidade que não esteja já apalavrada ou implicada, que não venha dada com um sentido e uma visão, uma interpretação.

Seguindo esta linha de reflexão, assumimos algo que é muito comum dentro da problemática filosófica actual: não há "factos brutos", há interpretações. Por outras palavras: existem sempre factos incorporados em estruturas de relevância e de sentido. Se dermos um passo mais nesta direcção e o exprimirmos com certo sabor à tradição fenomenológica, diremos que o que denominamos *realidade* é algo socialmente construído (Berger/Luckmann, 1969; Arby/Hesse, 1986). Quer dizer, é fruto das vicissitudes sócio-culturais acontecidas numa determinada civilização ou cultura. Que essas vicissitudes e sobretudo essas estruturas mentais se podem averiguar através dos mitos de uma determinada civilização é, por exemplo, o contributo de G. Dumézil quanto à indoeuropeia. E no fundo fica a pergunta estruturalista, caso de Levi-Strauss, sobre se não podemos dilucidar "certos modos de operação do espírito humano, tão constantes no decorrer dos séculos e tão comummente difundidos em imensos espaços que podem ser tidos por fundamentais" (1983: 577).

Deste ponto de vista, a realidade aparece como não totalmente transparente. Há zonas impenetráveis. Realidade é não só o que pode ser pensado e dito, mas também o inexprimível, o impensado e impensável. À concepção humana da realidade pertence o conceptualizável e o que se situa no limite do conceito.

Estas questões acerca da relação entre mito e realidade, tão difíceis de precisar no seu fundo e de esclarecer sobre a base dos mitos, vão-nos deixando no entanto como resultado algumas constatações. Talvez a mais grávida de consequências seja a de que a realidade se nos dá como "mythos", isto é, como horizonte no qual colocamos até a nossa própria ideia do mundo (Panikkar, 1994b: 34). Sobre este horizonte situam-se as demais compreensões, interpretações e reflexões, isto é, o "logos". Há sempre um "mythos" em todo o "logos" e também um "logos" em todo o "mythos". Ambos se pertencem mutuamente. E este "mythos" ou horizonte de compreensão não só possibilita a reflexão, mas assinala também os seus limites.

Estas considerações permitem-nos compreender a profundidade do problema que se ventila quando nos encontramos perante confrontos cosmovisionais. Seja no caso de diálogos inter-culturais ou de confrontos entre pontos de vista diferentes como ciência e religião, o que se dilucida quase sempre não se pode conciliar no terreno do "logos", isto é, no terreno científico ou no terreno teológico, mas sim no terreno profundo do mito. Qualquer outra abordagem mais epidérmica só arranhará o problema: girará à volta de cada uma das visões particulares com a convicção, em cada visão, da sua própria objectividade e verdade. Sem dúvida, por esta razão e como ensina a história, os confrontos entre cosmovisões diferentes, terminam mais do que em raciocínios, impulsionando "estratégias de liquidação do outro", através do menosprezo, do apelo à ignorância, perversidade, heresia, etc. Em suma, termina com procedimentos repressivos vinculados mais ao poder do que à razão (Berger/Luckmann, 169: 135s). Dito plasticamente: somos como peixes movendo-se sempre no mar do mito. Daí que não seja só preciso discutir sobre as várias espécies de peixes, algas, etc., que deambulam pelo mar; é preciso falar do próprio mar, de como vemos o mar e de que mar falamos.

4
Mito e conhecimento

Mito e conhecimento estão estreitamente unidos. Vista a relação a partir do mundo ocidental, não parece que haja demasiadas dúvidas quanto ao acompanhamento e impulso do mito para o pensamento grego. Estamos longe das teses que viam o pensamento filosófico grego como uma aparição nítida, quase milagrosa, introduzindo uma distinção clara entre mito e logos (Cornford, 1987: 26s: Vernant, 1993: 334s; 1994: 174s). Hoje sabemos que a primeira filosofia grega tem uma origem mítica e ritual. As estruturas de pensamento de um Anaximandro corrrespondem às de um poeta mítico como Hesíodo. Há um fio de continuidade histórica entre o pensamento mítico religioso e a reflexão filosófica.

Mas se nas origens do pensamento grego e ocidental existe este vínculo, hoje a distinção parece tão clara que se aponta para uma diferenciação e distinção total. Que é que o pensamento racional, científico tem a ver com o mítico? Podemos dizer que o mito é pensamento e alberga conhecimento? Que tipo de conhecimento é o conhecimento mítico?

Estas são algumas das questões que quereríamos abordar neste capítulo. Fá-lo-emos pela mão de alguns dos estudiosos deste tema. No fundo, há um confronto entre conhecimento e mito. Esperemos que nos sirva para lançar alguma luz sobre este tema. E sobre a questão da racionalidade. Vai-se realizando assim a afirmação de que o mito atravessa todas as realidades humanas relevantes.

4.1. O mito como discurso narrado ordenador

O "mito" não está filologicamente afastado do "logos". Embora frequentemente se utilize a oposição mito-logos, no entanto, o "mythos", como já vimos, pertence à ordem do "legein", como indicam as palavras "mythologein", "mythologia". Quer dizer, em princípio, não há contraste entre mito e logos. Os "mythoi" ou relatos sobre deuses ou heróis podem até denominar-se discursos sagrados ("hieroi logoi") (Vernant, 1994: 171).

O mito, como exprime esta proximidade semântica, é uma forma de dar ordem e iluminação a uma realidade caótica. O "legein" é uma primeira forma de conhecimento que situa as coisas na realidade proporcionando-lhes um lugar, separando, classificando e ordenando o espaço humano, que assim fica iluminado. Não é por acaso que os relatos míticos da criação, como o bíblico (Gén. 1, 2b; Cassin, 1996: 113), introduzem ordem no caos original através da palavra. Sem ordem não há senão obscuridade e trevas, caos e desorientação.

Tanto filologicamente como pela sua função, o mito está estreitamente unido ao "legein" ou primeiras funções cognoscitivas. O mito é uma forma de conhecimento: ao ordenar e iluminar a realidade, ele dá sentido. A sua forma mental impregna inclusivamente o pensamento filosófico grego: "alguns dos primeiros filósofos exibem, com bastante clareza, uma consciência da sua posição como sucessores do xamã" (Cornford, 1987: 136).

4.2. A forma de conhecimento mítica

Acabamos de ver que, por proximidade semântica com o logos, o mito parece trazer conhecimento da realidade. Que espécie de conhecimento é o conhecimento mitológico? Há algo de peculiar e próprio na abordagem mítica da realidade? E. Cassirer e K. Hübner, mestre e discípulo, vão dar-nos uma primeira resposta a estas questões.

4.2.1. *A forma simbólica do mito*

Uma aproximação do mito como *uma* forma simbólica de conhecimento é a que E. Cassirrer nos proporciona. Segundo este pensador judeu-alemão (1874-1945), há uma série de "formas simbólicas" (1976 e 1998) que incluem a linguagem, a arte, a história, a ciência, o mito e a religião. Pretende uma analítica do conhecimento, isto é, das nossas interpretações, investigando as suas condições de possibilidade. A partir desta posição, elabora um sistema pluralista do conhecimento e da cultura. Seguindo Kant, aceita que o homem não conhece o real directamente em si mesmo. Precisa de imagens, diria Kant, ou, melhor, *símbolos*, dirá Cassirer (1994: 91). "O conhecimento humano é, pela sua verdadeira natureza, simbólico". Analisa, portanto, o mundo intermédio, o universo de formas simbólicas, através do qual se leva a cabo a interpretação recíproca entre o homem e a realidade em que vive. Cada uma delas representa o modo por meio do qual o homem forma a sua experiência da realidade mediante símbolos. A consciência é para Cassirer a capacidade humana de formar o seu objecto ou representação da realidade segundo modos simbólicos diferentes. Não há só uma maneira de representação ou de acesso à realidade; há várias, dependendo das "formas" simbólicas que medeiem esse acesso: as mítico-religiosas, as linguísticas, as históricas, as artísticas, as científicas. Todos estes diferentes modos configuram um sistema ou modo de entender a realidade que denominamos cultura. Não há mais nada por trás deles, isto é, não podem ser entendidos como "algo meramente intermédio, como o invólucro de algo mais", pois devem ser apreendidos "na sua legalidade estrutural imanente" (1998, II: 205).

O característico da forma simbólica mitico-religiosa (1998, II: 51s; 1994; Paetzold, 1995; Gartagalza, 1990: 127s) é um modo de compreeensão que se refere a uma ordem da realidade situada para lá do plano da experiência sensorial imediata. Vê um mundo dramático, de acções, de forças e poderes em luta (1994: 119).

Penetramos um pouco mais na peculiaridade do mito, se o compararmos com a religião. A consciência mítica distingue-se da religiosa porque não distingue entre o símbolo e o simbolizado. Para esta consciência mítica, o dançante que leva a máscara de um deus *é* esse deus, *converte-se* em deus; a "imagem" não representa a "coisa", *é* a coisa (1998: II: 293). Em toda a actividade mítica, há um momento em que se leva a cabo uma verdadeira transubstanciação, uma transformação do sujeito dessa acção no deus ou no demónio que representa, enquanto que a consciência religiosa distingue já entre a realidade finita e a infinita, entre símbolo e simbolizado. Esta diferenciação vai percorrendo a consciência individual (individualização), a social e moral que conduz, finalmente, a uma nova integração (1994: 147). Esta separação parece acontecer quando o sistema do totem e do tabu e das práticas mágicas declina. Contudo, Cassirer está consciente de que não podemos indicar o momento histórico preciso em que se efectua essa separação entre mito e religião. Mais ainda, opina que durante todo o curso da história a religião está interpenetrada por elementos míticos (1994: 135). Ambas surgem da mesma experiência: a da simpatia com o todo (1994: 145), "a do sentimento da unidade indestrutível da vida" (1994: 129) e o medo da morte como destruição desta unidade. Cassirer recorda a máxima estóica "sympatheia ton holon", esta "simpatia do todo" que está na base da experiência mítica e religiosa, especialmente das crenças populares. Trata-se do *mana* ou hálito sagrado difundido por todo o universo. Por esta razão, a função expressiva ("Ausdrucksfunktion") desta unidade da vida é característica do mito e da religião. Cassirer sublinha e insiste que "o traço fundamental do mito não é uma direcção especial do pensamento ou uma direcção especial da imaginação humana; brota da emoção, e o seu fundo emotivo tinge as suas produções com a sua própria cor específica. De modo algum falta ao homem primitivo capacidade para captar as diferenças empíricas das coisas, mas na sua concepção da natureza e da vida todas estas diferenças se encontram superadas por um sentimento mais forte: a convicção profunda de uma *solidariedade* fundamental e indelével *da vida* que ultrapassa a multiplicidade das suas formas singulares" (1994: 127-128).

4.2.2. *A racionalidade do mito*

K. Hübner prossegue a via iniciada por Cassirer e esforça-se por demonstrar a legitimidade do pensamento mítico num tempo de predomínio, mas também de crise, da razão científica (1981: 268s; 1983; 1985). Para este autor, como para Cassirer e o pensamento actual, não há visão bruta, sem mais, da realidade. Não há nem pode existir um mundo da experiência não interpretado. A forma de consideração científica bem como a mítica são dois modos que possibilitam a experiência. Cada uma delas possui conteúdos das categorias, estipulações ou princípios a priori, de tal modo que a causalidade, a qualidade, a substância, a quantidade e o tempo – categorias do entendimento e formas puras da intuição em Kant – são considerados como condições da experiência, científica ou mítica, segundo a sua forma ou conteúdo (1981: 271).

A forma ou condições da experiência mítica transportam consigo uma concepção da *causalidade* onde intervêm os deuses: o resultado de uma acção é considerado em conexão com a essência dos deuses. Estas essências representam qualidades míticas, isto é, protofiguras que representam os poderes elementares que constituem a realidade humana. O grego partia dos deuses como protofiguras e protoqualidades, via-as actuar em todas as partes e desta maneira tinha experiência do mundo. Era como que o seu alfabeto de leitura da realidade. O homem mítico vê o mundo à luz dos seus deuses e heróis; são o "a priori" do seu mundo.

E dado que estas qualidades míticas têm algo de pessoal, são substâncias, presentes como um todo em cada parte. Dito de outro modo, a forma de pensamento mítica é totalizante e sintética. Desconhece a analítica científica (1981: 276).

O conceito de *tempo* também varia radicalmente em relação ao que estamos habituados a ter e que predomina no nosso mundo técnico-científico profanizado. O conceito mítico do tempo é uma espécie de eterno presente: volta sempre de novo sobre si mesmo; leva consigo a intuição imediata do sagrado, das "archai" ou acontecimentos arquetípicos. O "temporal" repete de modo idêntico o acontecimento originário, fundacional. Assim, de cada vez que se semeia tal planta, efectua-se o que tal deus ou ser sobrenatural ensinou aos humanos. O tempo mítico, dirá Hübner remetendo para M. Eliade, é sagrado e ao mesmo tempo primordial e infinitamente renovável (1981: 280; Eliade, 1961: 89s).

Estas breves indicações mostram-nos o tipo de reflexão do nosso autor e a tese que procura defender: a forma mítica de conhecimento possibilita um acesso à realidade e possui as suas próprias condições, que a diferenciam da lógico-científica. Os seus respectivos critérios de verdade e realidade estão já condicionados pelas concepções especiais das categorias do conhecimento (causalidade, tempo, etc.). Seria, portanto, necessário dizer que cada uma tem a sua própria racionalidade, que actua dentro do quadro do seu próprio conceito de experiência e de razão, que está dado de forma categorial e intuitiva (1981: 287). Daí que a conclusão a que chega o nosso autor é que "a experiência mítica e a científica, a razão mítica e a científica, são, em certo sentido, incomensuráveis. Em certo sentido significa: podemos compará-las, tal como temos feito, podemos entendê-las como alternativas; mas não temos nenhuma medida que esteja por cima de ambas e que nos permita julgá-las. Todo o juízo teria que partir ou do ponto de vista mítico ou do científico" (1981: 287). Por conseguinte, para Hübner, o mito constitui uma interpretação da realidade de categoria idêntica à da ciência: "o mito (...) dispõe de uma ontologia e uma racionalidade de igual valor das científicas" (1985: 289).

Chegados aqui, podemos perguntar-nos com o mesmo K.Hübner: o que é que se pode fazer e pensar? E tira uma conclusão, que transforma em orientação: encontramo-nos perante uma mutação ou mudança histórico-sistemática de uma forma de pensar e de acesso à experiência do mundo. Supõe um corte ou cesura, daí a incomensurabilidde que nunca pode ser transmitida totalmente. Convém, portanto, dirá Hübner, olhando para as patologias da nossa era científico-técnica e a repressão do numinoso e da arte, do sentido, não negar totalmente legitimidade ao mito (1985: 288). No fundo, propõe aprender com o que pode ser complementar para o nosso modo de pensar científico-técnico.

4.3. O fundo estrutural do pensamento

Se Cassirer e Hübner nos tinham sublinhado a racionalidade característica do mito, outros pensadores, mitólogos, como o etnólogo e pensador francês C. Lévi-Strauss, vão abordar o mito como indicador do próprio pensamento humano e até da própria racionalidade que percorre toda a realidade.

Lévi-Strauss afirma repetidamente que todo o seu empenho em desvelar a estrutura dos mitos responde a uma busca mais profunda: por trás do desvelamento do caso do pensamento mítico, procura esclarecer o funcionamento do pensamento.

No fim da sua tetralogia sobre as *Mitológicas*, chega à conclusão de que "a oposição fundamental geradora de todas as outras que pululam nos mitos e cujo inventário estes quatro tomos estabeleceram, é a mesma que Hamlet enuncia em forma de uma alternativa demasiado crédula ainda. Pois entre ser e não ser não toca ao homem escolher" (1983: 627).

O mito é, portanto, uma manifestação cultural que exprime um modelo mental (Leach, 1987: 55). No fundo, Lévi-Strauss está assim a separar-se do funcionalismo estrutural de A. R. Radcliffe-Brown para quem a estrutura social estava "aí fora" no mundo, enquanto para Lévi--Strauss a estrutura social é "um modelo na mente humana". O homem é o construtor do mundo social e cultural, e fá-lo segundo o modelo mental que possui. A ideia provém da linguística de R. Jacobson (1990: 61; Johnson, 1998: 167) e F. Saussure. Assim como o ser humano tem a capacidade de codificar e descodificar sons, que, em última análise, se baseiam em oposições binárias (1983: 627), assim também acontece com elementos não verbais da cultura humana. As investigações actuais do cérebro humano, que o assemelham a um computador onde a informação passa de uma parte a outra segundo um código binário digital de sinais on/off, dizem-nos que, se o processo biológico é controlado desta maneira, parece também provável que o processo mental no cérebro siga este modo geral. E que em última instância esta lei seja apresentada como a lei que governa o universo. Por trás das cosmologias, dos estilos artísticos, do desenho urbanístico de aldeias e cidades, das regras de descendência, residência e matrimoniais, há uma projecção ou reflexo de um modelo mental. Quando este é suficientemente analisado, acabamos por reconhecer uma série de oposições binárias que funcionam numa matriz combinatória. À semelhança de uma língua que, com trinta sons diferentes, dos quais na realidade se utiliza praticamente metade, permite contruir toda uma complexíssima estrutura linguística, o mesmo se passa com os demais produtos culturais.

Já estamos a ver que a intuição, pressuposto ou hipótese do estruturalismo de Lévi-Strauss é que "o espírito humano se move num campo limitado de possíveis, de modo que configurações mentais análogas podem, sem que seja preciso invocar outras causas, repetir-se em épocas e lugares diferentes" (1990: 178). Vemos já que se pressupõe a um nível profundo que as variantes possíveis da cultura humana são inatas e se constroem por pares de oposições de uma maneira muito simples, ao mesmo tempo que enormemente complicada. "A máquina é igual em todas as partes, mas não as entradas nem as saídas" (ibid., 170). Daí que, dado o imenso número de variáveis, os acontecimentos sejam imprevisíveis (ibid., 172-173). Uma objecção se levanta imediatamente contra Lévi-Strauss: o "modelo mental" é necessariamente universal? Para alguns comparativistas é inaceitável. Não encontram essas manifestações culturais universais. Parece-lhes no entanto sustentável uma visão estruturalista mais modesta que afirmasse um modelo inconsciente num sistema cultural determinado com traços diferentes, que seriam transformações metafóricas do mesmo "modelo mental" (Leacch, 1987: 57).

Lévi-Strauss não procura explicações parciais, restringidas a cada campo, mas "descobrir a ordem subjacente, a estrutura profunda por cujo efeito possamos dar conta dessa diversidade aparente, numa palavra, vencer a incoerência"(1990: 195). Esta alcança-se quando conseguimos mostrar como, no caso do mito, propõe uma grelha só definível pelas suas regras de construção. No fim, como irá mostrando o nosso autor, o mito é uno, isto é, um modelo com o conjunto das suas variantes ou versões. Estas explicam-se – aqui é Saussure que o sugere a Lévi-Strauss – por contiguidade ou metonímia e por transposição ou metáfora. As relações sociais respondem geralmente às relações de contiguidade e dependem da metonímia.

No fim, para Lévi-Straus,s o problema é explicar o que é que quer dizer pensar ou dar sentido. Damo-nos conta de que estamos sempre a mover-nos num mesmo "círculo lógico": pomos em correspondência, contrastamos relações com relações. E isto acontece com as palavras e com os conceitos e, para lá disso, com todas as relações sociais. O mito serviu-nos então para mostrar que reflecte "condições muito gerais do exercício do pensamento" (1990: 195-196). "Um esforço mental consubstancial à história (humana), que não cessará senão com o seu desaparecimento do cenário do universo, impõe-lhe assumir as duas evidências contraditórias cujo encontro põe a andar o seu pensamento e, para neutralizar a sua oposição, gera uma série ilimitada de outras distinções binárias que, sem nunca resolver esta antinomia primeira, não fazem senão, a escalas cada vez mais reduzidas, reproduzi-la e perpetuá-la: realidade do ser, que o homem experimenta no mais profundo de si como única capaz de dar razão e sentido aos seus gestos quotidianos, à sua vida moral e sentimental, às suas escolhas políticas, à sua inserção no mundo social e natural, aos seus empreendimentos práticos e às suas conquistas científicas; mas ao mesmo tempo realidade do não ser, cuja intuição acompanha indissoluvelmente a outra, uma vez que incumbe ao homem viver e lutar, pensar e crer, sobretudo conservar o valor, sem que nunca o abandone a certeza adversa de que outrora não estava presente sobre a terra e de que nem sempre estará" (1983: 627-628).

O pensamento mítico não deve desqualificar-se como "pensamento primitivo". Para Lévi-Strauss, o mito procura fundar uma lógica relacional que busca pôr em conexão analógica o conjunto da nossa experiência a modo de sentido comum primário. Compreende-se que, para este autor, o pensamento mítico ou selvagem (1964) não seja "primitivo" em sentido pejorativo, mas antes pensamento primeiro ou primordial, não domesticado como o científico, mas imanente a todos.

4.4. A superação ilustrada do mito

J. Habermas tem uma visão sócio-evolutiva da racionalidade em que o mito e a religião são superados (Mardones, 1998; Zamora, 1996; Jamme, 1991a: 225s). Dada a relevância e o eco alcançados pelo autor, convém apresentar de modo breve esta concepção que declara o mito como um pensamento arcaico e superado. A posição de Habermas tem, além disso, algo de paradigmático na medida em que representa a mentalidade "ilustrada" quanto ao mito. Daí que nos detenhamos um pouco a apresentar o fio da sua argumentação e a discuti-lo. Marca o contraponto necessário aos autores anteriores e indica uma sensibilidade presente na discussão do conhecimento e do mito.

4.4.1. *Desencantamento do mundo e linguisticização racionalizadora*

Seguindo as pegadas de Max Weber, Habermas concebe o processo de racionalização como um processo de desencantamento da realidade.

Podemos, com certo esquematismo antropológico, imaginar "uma projecção idealizadora, mas não completamente arbitrária" (Habermas 1989a: 406), que nas origens da humanidade existiu uma harmonização profunda entre a integração sistémica e a integração social — não se distinguia entre instituição, cosmovisão e pessoa. Este todo social integrado próprio das sociedades arcaicas era-o graças à vinculação sacral ou força normativa de carácter numinoso que embebia toda a sociedade. Neste estádio arcaico, as formas de entendimento mútuo e de interacção faziam-se sob a direcção do mito (imagem do mundo) e do rito (práxis cultual), mediante formas pré-linguísticas mediadas simbolicamente (1987, II: 69).

A marcha posterior, evidenciada sobretudo pela sociedade ocidental, anuncia um processo no qual se dá uma diferenciação crescente entre as componentes estruturais da sociedade — cultura, sociedade e pessoa, no jargão habermasiano — è as esferas culturais ou dimensões da razão — ciência, moral e arte (M. Weber). As grandes civilizações supõem já a evolução das imagens do mundo do mito para explicações mais racionais em forma de teologias ou até metafísicas e a praxis cultural orientando-se para o sacramental.

Habermas vê uma correspondência entre a evolução das imagens do mundo e as formas sociais. Trata-se de uma dinâmica que adquire a lógica da diferenciação, autonomização, formalização e universalização progressivas. Daí que se veja este processo como a marcha para uma racionalização crescente e ao mesmo tempo para um crescente desencantamento do mundo. O processo evolutivo racional vai passando do mito para a religião teologizada e depois para a religião natural e, por fim, para a simples razão. A questão que está na base desta racionalização é a teodiceia ou a explicação da dor no mundo. Em Weber, a explicação ou racionalização caminha para uma "eticização" da vida; em Habermas, para uma racionalização argumentativa. Como se vê, o mito pertence a um estádio arcaico e superado, que vai sendo assumido nas suas funções pela racionalidade crescentemente manifesta, ilustrada e crítica.

Habermas deita mão de Durkheim e interpreta a passagem pelos diversos estádios mediante o indicador da "linguisticização do sacro": as imagens mítico-religiosas do mundo e a vinculação social apoiada no cimento das normas sagradas vão-se expressando, linguisticizando, e passam de uma visão totalizante, indiferenciada e inquestionável a uma diferenciação e racionalização crescentes. O consenso substitui a autoridade do sagrado.

"O desencantamento e despotenciação do âmbito sacral leva-se a cabo por meio de *uma linguisticização do consenso normativo básico assegurado pelo rito*, o que vai acompanhado da libertação dos potenciais de racionalidade inscritos na acção comunicativa. A aura do fascinante e tremendo que o sacro irradia e a força cativadora do santo são sublimadas e ao mesmo tempo quotidianizadas na força vinculante das pretensões de validade criticáveis" (1987, II: 112).

O resultado vai ser uma autonomização crescente de tipos ou dimensões da racionalidade: a ciência, que se encarrega do mundo físico e das questões da verdade; a ética e o direito, que se encarregam dos princípios jurídicos e morais universais e da legitimidade das normas; a arte, que se ocupa do mundo estético-expressivo e da autenticidade das vivências e expressões subjectivas.

"Os núcleos de tradição garantes de identidade separam-se no plano cultural dos conteúdos concretos com os quais estavam estreitamente entrelaçados nas imagens míticas do mundo. Ficam reduzidos a concepções do mundo, pressupostos da comunicação, procedimentos argumentativos, valores fundamentais abstractos, etc." (1989a: 406).

Habermas vai ver na esfera moral autonomizada e transformada em ética comunicativa a herdeira das imagens míticas religiosas do mundo e da sua força integradora. Agora, a força vinculante acontece na sociedade moderna graças à força argumentativa e ao consenso conseguido pelas normas universalizáveis. Claro que reconhecerá que nem toda essa força vinculante é herdada pela ética comunicativa: certa significatividade e potencial semântico face às contingências da vida e da sociedade parecem ficar ainda nas mãos da religião ou do mítico-simbólico. Mas Habermas defende que a razão expressa em cada acto comunicativo está animada por uma força "tenazmente transcendedora" (1989b: 402). Trata-se de uma transcendência a partir de dentro da racionalidade comunicativa.

Esta pretensão de herdar o potencial significativo do mítico-religioso na ética comunicativa não esconde a Habermas o perigo de um positivismo que, num mundo desencantado e desmitologizado, pode privar-nos "da luz dos potenciais semânticos outrora preservados no mito" (1990: 271).

4.4.2. Mito e discurso

O processso de racionalização habermasiano que esquematizámos deixa já suficientemente claro onde se situa o mito e a sua racionalidade na concepção deste autor. No entanto, as coisas não são tão simples, nem sequer para o próprio posicionamento habermasiano.

Mostrou-se a Habermas que o avanço imparável da razão desde um estádio mítico-religioso ao actual argumentativo ou discursivo encontra mesmo na sua concepção certas anomalias. Por exemplo, o mundo da vida como essa esfera do social, contraposta à dimensão sistémica ou institucional, que funciona com uma série de pressupostos aceites. O mundo da vida é o mundo do "taked or granted" (A. Schütz) ou do evidente. Esta característica do mundo da vida ou do não problematizado e inquestionável funciona ainda no mundo da vida da sociedade moderna (Zamora, 1996: 26; Searle, 1998). Nem tudo é argumentado ou submetido à crítica. Funcionamos com enormes quantidades de pressupostos. O fundo pragmático das expressões linguísticas apoia-se sobre conteúdos de experiência ocultos e magmáticos. Toda a decisão racional se apoia e depende de condições que não são pragmático-formais. De que modo se vincula o saber argumentativo com esse outro saber aceite inquestionavelmente e que se parece muito com o mítico-religioso? Não nos é dito. E fica-nos uma pergunta que pode exprimir-se do seguinte modo: toda a racionalidade se reduz só e exclusivamente à discursiva e argumentável? Como mostra o funcionamento do mundo da vida, do dado por suposto, não existem dimensões que não se pode condenar à irracionalidade? Parece que E. Husserl foi mais lúcido quando advertiu que a relação entre mundo da vida e a ciência era plural e não meramente antitética (Schwemmer, 1987: 216s).

Por outras palavras, parece que Habermas teria que aceitar – por vezes pressente-o, quando apela para o potencial semântico da religião ou mito-simbólico – que a própria racionalidade discursiva se alimenta de potenciais que são ignotos e devem permanecer na sua inacessibilidade e, no entanto, são muito significativos para a comunicação e mesmo para o exercício do pensamento crítico. Quer dizer, reduzir a racionalidade comunicativo-discursiva às três dimensões do teórico, prático e estético--expressivo, corre o risco, como diz Schnädelbach de não incorrer em "contradição performativa", mas de expor um critério de racionalidade demasiado estreito que deixa demasiadas franjas bem humanas de fora. H. Blumenberg tem Habermas no seu ponto de mira quando afirma que "não se pode ser racional até ao fim..., a racionalidade está pronta para a destruição quando se esquece da racionalidade do infundado e quando crê poder produzir a euforia da fundamentação" (1979: 180s).

Desde logo está claro que a visão negativa, arcaica de Habermas quanto ao mito-religioso depende desta concepção evolutiva da racionalidade e de um estreitamento discursivo que não permite aceitar, num conjunto estruturado de racionalidades mais amplo que o tripartido comunicativo, o mito-simbólico. Deste modo, enquanto não alcançarem o nível do saber discursivo, toda uma série de saberes e de impulsos provenientes do fundo do mundo da vida só podem receber qualificações negativas de algo vago, trivial, pré-racional.

4.4.3. *Pressupostos discutíveis*

Temos, portanto, a ver com uma visão iluminista que valora negativamente o mito e que corre o risco, embora sem o querer, de apresentar a evolução racional ocidental como sendo o modelo. Trata-se do processo que devem percorrer todos os que queiram aceder realmente ao nível racional procedimental, comunicativo-discursivo. Tudo o resto é pré-história.

Esta visão tem, porém, muitos pressupostos discutíveis. Não é tão claro como supõe Habermas no seu experimento mental que o primeiro estádio mítico das tribos arcaicas seja tão integrado como ele o descreve. Dá a impressão de que se toma o modelo ocidental e se aplica a sua pauta, sem mais. O pensamento mítico não é analisado, pois é uma construção que serve apenas como fundo da nossa racionalidade.

Habermas aceita que o pensamento mítico "confunde natureza e cultura" (1987, II, 77; Jamme, 1991a: 241s). Não distingue entre o âmbito dos objectos da natureza física e os do mundo sócio-cultural, isto é, entre o mundo dos factos e o mundo do dever ser; também não distingue entre a linguagem e o mundo: as imagens do mundo não são interpretações do mesmo, pois coincidem com o mundo real. Quer dizer, não se distingue entre mundo subjectivo e mundo da cultura. Habermas dirá, exprimindo sem dúvida um sentimento pessoal, que "a nós, que pertencemos a um mundo da vida moderno, irrita-nos que, num mundo interpretado miticamente, não possamos estabelecer com suficiente precisão determinadas distinções que são fundamentais para a nossa compreeensão do mundo" (1987, I: 76-77).

Mas não estamos a pressupor já que o melhor, sem dúvida, é a distinção e o acesso cognitivo à natureza com a sua orientação manipuladora? Não se poderia pensar numa valoração de uma atitude relacional, não manipuladora, da natureza, etc., como um dado positivo, como fizeram Marcuse e a primeira geração frankfurtiana? Não se pode e deve relativizar essa "mescla confusa" de relações à luz de outros contributos e acessos à realidade?

Habermas identifica racionalidade com diferenciação (1987, I: 95; Jamme, 1991a: 242s). E faz do processo ocidental de racionalização, que, para Weber, era um caso único, o caso exemplar. A partir desta pré-compreesão, o mito aparece como negativo e arcaico. A mistura de planos, que em Lévi-Strauss aparece ligada a uma lógica complexa que não tem nada a invejar à ciência moderna, converte-se em Habermas numa perda e redução dos âmbitos da realidade.

Do que nos não restam dúvidas, após este percurso pela compreeensão habermasiana de racionalidade e mito, é que há um forte contraste entre a concepção do mundo actual e o pensamento mítico.

4.5. A persistência do mito

Se Habermas sente um incómodo irritante frente às visões totalizantes e indiferenciadas do mito, vamos ver como há pensadores, com atitudes diversas face à realidade e ao mito, que captam a necessidade de um pensamento que proporcione a energia significativa, cálida e configuradora de sentido que nos defenda da frieza fragmentária e da estranheza das coisas. Insistimos assim no contributo e na peculiaridade do conhecimento mítico.

4.5.1. *O mito enquanto trabalho de distância em relação ao absolutismo da realidade*

H. Blumenberg não crê que o mito seja uma forma primitiva e superada do pensamento. Não aceita que o Iluminismo tenha produzido uma ruptura radical que tenha tornado o mito obsoleto. Acontece, pelo contrário, que com a ciência e o pensamento crítico se radicalizou uma série de questões a que o mito responde. Por isso, julga que a "contraposição entre mito e razão é uma invenção tardia e desafortunada" (1979: 56; Wetz, 1996).

Blumenberg coincide com E. Cassirer ao conceber o ser humano como "animal symbolicum". O homem é um ser que se caracteriza por produzir mundos simbólicos, isto é, realidades nas quais o homem vive primariamente. Assim, as criações míticas, como os ritos religiosos, as teorias científicas, as obras de arte ou os sistemas religiosos, configuram uma esfera do mundo humano que é uma rede simbólica em que o homem vive e descansa. Tudo se passa como se o homem tivesse necessidade de tomar distância em relação ao mundo físico e criar um mundo humano que é o simbólico.

Para H. Blumenberg, esta necessidade humana de construir uma forma simbólica para tomar distância, dominar ou submeter a uma ordem a realidade externa, torna-se cada vez mais evidente para ele, embora incerta (1992: 168s). A cosmologia moderna apresenta-se-nos com uma face ambivalente: por um lado, é uma teoria que nos explica a realidade e a submete a nós, mas, por outro, mostra-nos que a natureza é indiferente e toda-poderosa. O resultado é que o "homem não tem nas suas mãos, nem de longe, o controlo sobre as condições da sua existência" (1992: 9). Este tríplice processo marca a marcha dos estudos do nosso autor, desde *Die Legitimität der Neuzeit* (A legitimidade da Idade Moderna), passando por *Die Genesis der kopernikanischen Welt* (A génese do universo copernicano), até *Arbeit am Mythos* (Trabalho sobre o mito): a incomensurabilidade do universo que põe a claro a irrelevância do ser humano, o mutismo deste universo em relação ao seu criador e, com isso, a indiferença e falta de consideração do cosmos pela situação precária do homem (Wetz, 1996: 77-78).

A ciência moderna mostra-nos, de uma forma de que o homem jamais tinha tido consciência, que ele é um pontito insignificante num planeta de uma estrela mediana entre milhares de milhões de uma galáxia, que é, por sua vez, uma entre milhares de milhões de um universo em expansão dotado de um tempo cósmico de uns 15.000 milhões de anos. Isto é demasiado avassalador para ser digerido por uma existência que se move nas coordenadas dos 70 a 80 anos. Se há um momento de elevação do ser humano perante descobertas tão gigantescas, fica, no entanto, uma sensação de impotência perante este universo incomensurável. No entanto, o ser humano resiste: não é capaz de "aceitar com resignação as coisas tal como se apresentam" (Blumenberg, 1981, III: 129).

A estratégia do homem frente à humilhação cósmica e ao "absolutismo da realidade" (1979: 19) foi sempre a busca de sentido e de distância. Após a experiência da modernidade, torna-se ineludível a tarefa de manter à distância uma realidade que se apresenta fria e cruel. O ser humano, perante esta experiência que cria angústia e medo, procura criar um horizonte de sentido que proporcione orientação e distância frente ao absolutismo da realidade. Uma das invenções humanas desde os tempos mais remotos foi o mito. O mito proporciona uma orientação e um sentido; distancia a realidade e protege o homem, construindo um âmbito de segurança à lareira de um universo simbólico. O mito, dirá Blumenberg, é "desmontagem do absolutismo da realidade" (1979: 9). Através de uma história dá nome à realidade, divide e classifica o indiviso, liquida o anonimato e a indeterminação e proporciona uma explicação para o inominável (1979: 11; Carccia, 1991: 761). O horror é asim elaborado e transformado. O mundo transforma-se num lar para o homem (1979: 127), a arte de construir uma casa própria. Trata-se de toda uma estratégia para acalmar "a angústia cósmica", como viram já Bergson e Spengler (Wetz, 1996: 84-85).

Os mitos e a religião foram os grandes criadores desta distância necessária do homem frente à realidade estranha e hostil. Sempre procuraram destruir as perguntas inquietantes ou, pelo menos, oferecer um muro de contenção frente às suas vagas sucessivas (1979: 287). Na época moderna juntou-se a eles a própria ciência. Já se vê que o mito, longe de ser irracional, se encontra ao serviço da razão e da ilustração: quer submeter a natureza e o misterioso ao domínio da explicação e do sentido. Não importa que hoje, sob a estratégia da ciência e do pensamento crítico, se nos depare uma tarefa impossível; no fundo, encontramo-nos perante estruturas geradoras de ordem e sentido que trazem distancia frente ao absolutismo da realidade. O mito e a ciência pretendem o mesmo: substituir o caos e proporcionar um "cosmos" calculável, compreensível e fiável. Como adverte Blumenberg, assistimos inclusivamente a mudanças de estratégias – quando não a verdadeiras vergastadas românticas contra o Iluminismo – frente à pressão desmitologizadora da ciência e da razão críticas, que são verdadeiras remitificações: assim surgem os nomes abstractos de o eu, o universo, a história, o inconsciente, o ser (1979: 39). Claro que ele reconhecerá que estamos a assistir a uma perda de plausibilidade destas remitificações. Se já não é possível manter as explicações fabulosas dos mitos tradicionais, tão-pouco a filosofia crítica e a ciência convencem. Mas é muito diferente falar hoje de deuses ou demónios e referirmo-nos a radiogaláxias ou objectos quasi-estelares. Esta terminologia científica tira ao nosso mundo relevância, capacidade de ser valorado. Entramos num universo – o científico – que, frente ao mítico, não gera relevância. Deste modo, indicará este autor, a ciência continua a acção mítica de distanciamento frente ao absolutismo da realidade, mas, por outro lado, tira ao universo toda a possibilidade de significado, deixando-o mudo e insondável, e incapaz para o trabalho do mito. "O mito já não pode ter lugar" (1979: 682).

Blumenberg é uma testemunha qualificada do grande paradoxo do nosso tempo: por um lado, o homem procura desesperadamente sentido, manter à distância a carga insuportável do absolutismo da realidade e, por outro, vai liquidando as possibilidades de dar sentido a essa realidade mítica, teológica e cosmologicamente. Que resta a este ser humano contingente e finito mas com sede de infinito?

Uma resposta que está latente de modo cada vez mais forte na obra de um Blumenberg sóbrio e céptico (Wetz, 1996: 129s) é conformar-se com a mortalidade absoluta, relativizar a nossa própria vida e reduzir as nossas exageradas pretensões de sentido. A outra ressoa como uma reformulação do protesto esperançado de Horkheimer contra a injustiça, mas desta vez em clave de sentido: o desejo de que "a inanidade não seja a última palavra" (1989b: 121). Nessa ânsia de sentido, encontra-se a chave das contínuas remitizações, para lá de toda a pretensa crítica ideológica.

L. Kolakowski (1990: 14-15) move-se nas proximidades de H. Blumenberg, pelo menos da função do mito de criar distância frente à frieza e indiferença do universo. Nega-se deste modo a mera facticidade do mundo e supera-se a casualidade. Para Kolakowski, o mito inscreve-se na necessidade antropológica humana de dar sentido, de viver numa realidade significativa e, por outro lado, na capacidade criativa e efabuladora do homem. Há um ponto em que estes dois autores se distanciam em relação ao mito. Para Blumenberg, não é possível ter consciência da genealogia do mito e participar nele. Para Kolakowski, o ser humano é capaz de conhecer a estratégia do mito e jogar ao distanciamento e domesticação, ao sentido, da realidade prepotente. A cultura, a sua saúde, depende desta capacidade humana de buscar uma síntese, impossível, entre valores encontrados ou, para falar num mundo científico, a integração entre a "ordem mítica" e a "ordem lógica" (1990: 134-135).

4.5.2. *A imaginação simbólica*

G. Durand considera-se um discípulo de G. Bachelard, prosseguidor da sua ruptura epistemológica e frequentador da Escola de Eranos, fundada por C. G. Jung em 1933. É um grande defensor da "imaginação simbólica" (1971; 1992; 1981; 1993; 1994; 1996; Garagalza, 1990).

Para G. Durand, há uma grande ruptura na história do pensamento ocidental que o percorre, dividindo-o, desde os seus alvores. Por um lado, está o estilo conceptualista, que quereria dar conta da realidade "directamente"; busca a expressão lógica, clara e distinta e detesta a plurivocidade. É uma tendência que Durand vê já pôr as suas bases desde o pensamento peripatético de Aristóteles, passando pelo ockhamismo e o averroísmo, até chegar a Descartes, Hume, Kant, o positivismo comtiano e os seus afins cientificistas. O resultado é uma iconoclastia endémica que abomina a imaginação e todas as suas produções familiares no pensamento, da metáfora e do símbolo ao mito. Trata-se de uma perda lamentável que não tem em conta nem o funcionamento do cérebro humano nem o que é o ser humano e de uma perseguição da "imagem" que redunda num empobrecimento lamentável do próprio pensar.

Mas, ao lado da iconoclastia do pensamento contra a "imagem", há os seus reivindicadores, frequentemente mais tímidos e fugidiços. A resistência do imaginário simbólico manteve-se no pensamento filosófico graças a Platão, São João Damasceno, e a iconodulia gótica franciscana dos São Boaventura, Duns Escoto, a contra-reforma da arte e a espiritualidade barroca, a estética pré-romântica e os movimentos românticos até chegar às vanguardas modernas, a hermenêutica não redutiva, as ciências sociais e a pós-modernidade. Embora, nesta "era do vídeo", da imagem comercializada e profusamente misturada, agitada a ritmo frenético e consumida num feixe de sensações, tenhamos desembocado no seu esvaziamento através da sua explosão (1994: 20s).

G. Durand defende a enorme importância da imaginação, melhor, do imaginário, para a saúde de todo o pensamento pessoal e colectivo. Em última análise, trata-se de uma proposta, para lá da epistemologia, antropológica e de equilíbrio civilizacional. Do ponto de vista do conhecimento, este autor defende uma certa primazia do imaginário sobre o conceptual para a captação do objecto. O ser humano é um animal cujo traço constitutivo é a re-presentação, isto é, o pensamento mediato, que é o símbolo (1996: 68s). O homem só pode ser encontrado no "terreno" concreto e vivo dos símbolos que proporcionam sentido social e pessoal. O imaginário é, portanto, central para o conhecimento humano. É o intermédio entre o biológico e o social, entre a subjectividade e a objectividade. O mundo simbólico é esse conhecimento onde o sujeito e o objecto ainda não estão separados; ali onde se dá o acto de configuração (estruturação) das intuições sensíveis. Graças aos centros nervosos e sensomotores, captamos e organizamos os dados da realidade através das representações simbólicas que primariamente procedem dos sistemas de acomodação mais originais da ontogénese (a dominante postural, nutricional e copulativa). Compreende-se deste modo que todo o conhecer seja já transformação do objecto, e que a via ou "trajecto antropológico" que vai até à ideia ou à expressão sistemática esteja permeada pelos esquemas, os arquétipos e os símbolos que se vão originando neste processo.

O mito é concebido por G. Durand como a dimensão dinâmica do símbolo e do mundo imaginário. O mito é a organização das grandes imagens em relatos, uma espécie de metalinguagem ou protolinguagem que busca a interpretação vivencial do homem e do seu mundo. O mito responde a uma busca e desenrolar de sentido que não fica preso do momento, pois busca dar sentido diacronicamente aos diversos aspectos e experiências humanas. Trata-se de uma tentativa de integração assintótica que procura superar antinomias e contradições ou tensões antagonistas. Por esta razão, o mito tem muito de relato fundador e de promotor de doutrinas, pensamento e instituições (1996: 79s).

O característico do discurso mítico é: a equivocidade dos seus termos ou lógica do dilema; a redundância ou repetição sincrónica de uma série de cenas; e o seu kerigmatismo ou tendência fundadora e última em relação a qualquer outro relato ou explicação. Ter em conta estas notas do discurso mítico é importante para a sua interpretação e análise (mitoanálise) (1993: 32s).

Portanto, para Durand, a centralidade do mito na cultura não é algo passado de moda e típico de tempos pretéritos, mas de toda a acção e tarefa cultural humana.

4.6. A racionalidade simbólica: uma proposta

Poderíamos trazer mais nomes e contributos a este diálogo sobre o mito e o conhecimento. Mas já temos elementos suficientes para nos darmos conta da pluralidade de opiniões e de opções dentro deste campo. O percurso serviu-nos para tomarmos consciência de que abordar o mito equivale a enfrentar a questão do conhecimento humano e da racionalidade. No fim deste capítulo, é necessário procurar obter alguns resultados da nossa investigação. Continuamos a perguntar-nos, à maneira de Schelling, pelo "racional no aparentemente irracional" (Cassirer, 1998, II: 21). As conclusões terão os inevitáveis toques pessoais, mas queremos que apareçam, sobre o fundo exposto, com certa plausibilidade. De passagem, estamos a mostrar o interesse e alcance de uma reflexão sobre o mito. O seu possível retorno não estará totalmente afastado destas virtualidades.

4.6.1. *A razão simbólica, a razão do mito*

A modernidade pôs a claro a pluralidade de dimensões da razão. Há uma tendência, de que, sobre o fundo de Kant e Weber, J. Habermas é claro expoente, que tende a ver a razão dividida em três dimensões que se autonomizaram com os seus critérios de validade e lógica própria. Predominam as visões parciais. É difícil ver a possibilidade de uma razão global. No entanto, as perguntas pelo sentido totalizante da realidade persistem, a não ser que "a inanidade tenha a última palavra". Daí o questionamento da aceitação da divisão tripartida da razão una. Porque é que não há mais dimensões da razão? Porque é que não podemos aceitar a dimensão da razão que se pergunta pelo sentido da realidade?

É nesta órbita racional do sentido da realidade que se deve situar o mito. A sua racionalidade — este é o contributo inegável dos críticos da razão una e totalizante — tem que situar-se fora dos muros do argumentativo. O modo do sentido não é o pensamento discursivo, mas sim o metafórico, o evocativo, o narrativo, onde a alusão, a parábola, o paradoxo têm um lugar privilegiado. As questões totalizantes e radicais exigem o uso do símbolo vinculado ao logos.

Situar-se fora do círculo da conceptualidade estrita, da justificação argumentativa, não significa saltar para fora da razão. Só pode fazer essa afirmação o preconceito que equipara, na nossa atmosfera cultural, o modelo da cientificidade e do argumentativo à racionalidade. Mas, como já fizemos notar, tanto a análise da linguagem, que sabe do sentido indirecto de referências, como a estética, sabem do sentido que se transmite na analogia, na semelhança, no simbólico. Neste âmbito da realidade, a linguagem constatativa e a conceptualidade unívoca fracassam, para avançar para a linguagem evocativa e a relação multívoca. Estamos no mundo do símbolo, isto é, da expressão aberta, da tensão para o referente e da polisssemia radical. Daí que, como sublinha P. Ricoeur, pertença sempre ao conhecimento simbólico um tom ambíguo, vago, nebuloso, oculto e de perfil difuso (1970: 424). Mostra inclusivamente uma co-implicação de contrários, uma "complexio oppositorum" que é a responsável por a antinomia recorrer ao símbolo. O conhecimento simbólico é uma "inteligência do umbral" (Ricoeur, 1970: 462), mas fornece conhecimento ao ordenar a realidade e instaurar sentido. É mesmo legítimo perguntar se este tipo de racionaldiade não está na raiz da própria razão, do "legein" ordenador.

4.6.2. *Na raiz da racionalidade*

O percurso pelos diversos autores deixa-nos uma questão relativamente clara: abordar a questão do mito e o seu contributo para o conhecimento é ter que confrontar-se com a pergunta pela razão. O que é a racionalidade em última análise? Não leva consigo um momento inerradicável de sentido? Conhecer e ordenar o caos da realidade que temos presente parecem dois aspectos inseparáveis. Não é de estranhar que se veja na raiz da razão esse momento instaurador de sentido. É a luz que ilumina de dentro o interior de uma realidade que, de outro modo, permaneceria obscura e ameaçadora. Sem o impulso ordenador e de sentido, a inteligência capitula perante a realidade. Daí que hoje nos sintamos numa situação especialmente paradoxal: a razão autonomizada e especializada em disciplinas oferece um esforço cada vez maior para explicar mais e mais aspectos da realidade, mas deixa-nos em jejum no que se refere ao sentido global. À força de conhecermos mais profundamente recantos cada vez mais pequenos da realidade temos que esquecer este impulso primeiro da razão? Para onde tende o impulso do conhecer cada vez mais rigorosamente, se perder o seu horizonte holista? Esta tensão para o sentido total não continua a estar no fundo da sua motivação cognoscitiva?

Perante estas interrogações, vimos que os espíritos se dividem claramente. Nós cremos que não podemos prescindir dessa tendência para o sentido total. Mais ainda, pensamos que tocamos aí a raiz última da razão, que deverá ser, portanto, de carácter simbólico. Nesse ponto onde o esquema do imaginário pugna por estruturar os dados sensíveis da realidade, instaura-se a ordem e o sentido, levanta-se a luz que começa a iluminar e a transformar o caos em cosmos. Os outros aspectos da razão ou as diversas racionalidades remetem para este último invólucro de carácter figurativo-simbólico. O conceito vem depois (Ortiz Osés, 1994: 296--297). A. Ortiz Osés exprime-o de outro modo, em clave de metafísica do sentido: "a nossa posição conceberia o mítico como o âmbito aberto do *sentido* (transcendental) do mundo, em cujo horizonte ou abertura de Ser pode 'verificar-se' racioentitativamente as verdades ônticas com os seus significados regionais. Aqui, o *sentido* precede e funda a verdade, pois enquanto esta diz mera conformidade ou adequação da nossa razão com o real, aquele condiz a *junção* ou correlato primordial do ente com o ser, do tipo com o arquétipo, do objecto com o seu sujeito transcendental. Por isso, a verdade como *explicação* (racional) do real está precedida e fundada pelo sentido como *implicação* (pré-racional) do real. Isto quer dizer que o *logos* se funda primariamente no mito (*mythos*), que dá conta e relação pré-lógica ou protológica (relato) da *junção ontológica* do homem no seu mundo e cosmos".

4.6.3. *A verdade da racionalidade simbólica*

Vemo-nos constantemente impelidos a responder à pergunta sobre a espécie de conhecimento, ou mais precisamente ainda, de *verdade*, que o mito tem. Pelo que vimos dizendo, tem que ser a que corresponde à *racionalidade simbólica*.

1) Este conhecimento de carácter holista não pode ser, como repetimos, de tipo argumentativo ou dilucidável discursivamente (Habermas).

Pelo facto de estar referido ao modo simbólico, nunca unívoco, não poderá ser traduzível para enunciados "objectivos" corroboráveis ou justificáveis lógico-empiricamente. Será, como toda a linguagem simbólica, um conhecimento a que se não pode negar a pretensão de verdade, inerente a todo o acto comunicativo, mas nunca plenamente corroborável.

Isto não quer, porém, dizer que seja arbitrário. Em cada momento histórico e situação sócio-cultural, poder-se-á — em analogia pelo menos com a *crítica* estético-expressiva habermasiana — apresentar "razões" e argumentos para sustentar ou criticar a autenticidade, coerência, honradez e pertinência do sentido exposto.

Vemos, por este caminho, como a racionalidade simbólica não está desvinculada da racionalidade crítica; pelo contrário, postula-a como sua vigilante para não incorrer em coisificações ou reificações. A razão conceptual e crítica é a sentinela do horizonte simbólico prestes a degenerar em reificações.

2) O conhecimento de sentido, global, apoia-se no modo da crença. Quer dizer, a sua epistemologia é débil: possui a força da segurança que habita a fé ou a esperança confiada (Derrida, 1996: 92), mas carece da força da argumentação e da contrastação empírica. Move-se no horizonte do hipotético e da plausibilidade do sentido. Com J. Derrida, poderemos dizer, com Heidegger em fundo, que, no entanto, a fiduciaridade ou confiança, o performativo ou acto de confiança prévio a todo o arrazoado e argumentação, é o pressuposto de toda a comunicação e de toda a relação humana. Sem esta confiança radical e inicial, não existe possibilidade de dar o primeiro passo para a relação humana e não existe comunicação nem nenhuma instituição. Quer dizer, na raiz do pensamento, do conhecimento, está presente uma "Zusage" como condição de possibilidade da pergunta e da argumentação.

3) Como insistiu P. Ricoeur, à "verdade simbólica" pertence a "veemência ontológica": o poder de reconfigurar uma realidade inacessível à descrição directa está habitado pelo poder revelador do metafórico "ver como...", que tende a revelar um "ser como..." no nível ontológico mais radical (1984: 38). A linguagem simbólica, metafórica, ao não dizer "o que é", diz "o como" são as coisas últimas, a que é que eminentemente se assemelham. Quer dizer, o relato simbólico — mito — é uma imita-

ção criadora que ao mesmo tempo inventa e descobre, reconfigurando deste modo a realidade, e não deixa de produzir sentido e de revelar o ser.

O problema, que não se nos oculta, é o dos controlos sobre este falar para que não seja arbitrário nem incorra em aberrações. Tudo isto nos remete permanentemente para a crítica.

4) A "verdade simbólica", como a analógica, está aberta à reinterpretação ou redundância inesgotável do símbolo. Um sintoma deste carácter aberto é a sua resistência a interpretações ou formulações dogmáticas, de uma vez para sempre. Apenas se poderá assinalar crítico-negativamente os caminhos por onde se desorienta e enlouquece, mas nunca encerrá-la numa hermenêutica definitiva ou redutora.

4.7. A modo de conclusão

Neste capítulo, explorámos a relação do mito com o conhecimento. Vimos que o mito se refere ao sentido da realidade na sua dimensão radical e profunda, que aparece una e complexa, paradoxal e contraditória. Daí que se não possa pretender um conhecimento objectivo e científico desta dimensão da realidade. A racionalidade que compete ao mito é de tipo holista e simbólico, diz "o como é a realidade, com que se parece", aproveitando a evocação, a sugestão, a analogia, a metáfora, o símbolo. Ficam, portanto, sublinhadas a diferença e a especificidade dos diversos tipos e níveis — "formas simbólicas" — de aproximação à realidade.

A "verdade" do mito permanece aberta à interpretação do sentido e nunca será dilucidável lógico-empiricamente; move-se no horizonte da plausibilidade, embora deva ser contrastada com outras interpretações, com os dados provenientes tanto da ciência como do pensamento crítico.

5
A evolução da consciência humana vista a partir dos mitos

Uma das aventuras mais antigas do ser humano é "chegar a ser verdadeiramente o que somos". A sabedoria grega guardou este fascínio por chegar à mesmidade de cada um. Trata-se de um processo difícil e cheio de perigos no qual desempenha um papel extraordinariamente importante o modelo da "urdidura primeira" (Rof Carballo) ou "relação primordial" (E. Neumann), as primeiras relações com a mãe, com o pai e os mais chegados. A psicologia freudiana e junguiana estão de acordo em que este modelo primeiro é fundamental para a constituição dessa estrutura central do ser humano que denominamos "eu".

Este caminho em direcção a si mesmo supõe um desenvolvimento e fortalecimento prévio do "eu". Como acontece este chegar a si mesmo? Como são as "origens e história da consciência"? (E. Neumann).

Cada vez com maior fundamento se supõe entre analistas eminentes que este proceso de autoconstituição humana deixou muitos vestígios. Alguns deles afloram nos sonhos e também nos mitos. Os mitos funcionam como um gigantesco reservatório de desejos e anseios expressos em "imagens primordiais" (C. G. Jung) ou em "formas pictóricas dos instintos" pelas quais o inconsciente se revela à consciência (Jung, 1998: 10; 1976: 17s; 1999: 39s). É preciso saber ler a mensagem que aí nos lança esta enorme aprendizagem de humanidade, com milhões de anos, que o chegar lento e por tentativas a ser si mesmo, que cada ser que vem a este mundo tem de reiniciar, significou.

Vamos recolher esta experiência através dos mitos. O mito vem assim a ser lugar de aprendizagem, de ressonância e de encontro de si consigo mesmo. Uma história da consciência desde o momento em que se encontra sob a influência do inconsciente e não é autónoma, e lentamente se vai emancipando. Trata-se de um processo que deixa as suas marcas em forma de recorrências e retornos, "arquétipos" ou "imagens primordias" (C. G. Jung), assim como em sonhos (Freud, 1988, vol. 3: 345) e fantasias, mediante as quais o inconsciente se revela desde a sua obscuridade à consciência. Seguiremos, guiados pela mão dos seus estudiosos, esta evolução até à consciência, seguindo os rastos que aparecem nos mitos.

5.1. A "relação primordial" ou a urdidura do ser humano

O ser humano é um nado prematuro. Precisaríamos de pelo menos mais um ano no seio materno para que ao nascer pudéssemos comportar-nos como os mamíferos superiores. Esta "neotenia" ou prematuridade de nascimento coloca o ser recém-nascido em situação de desvalimento e dependência total dos outros (A. Portmann). Precisamos dos outros que nos rodeiam, mãe, pai família, para podermos subsistir biologicamente.

Mas rapidamente esta dependência biológica nos faz descobrir uma necessidade mais ampla: a das relações com os outros para podermos ser. Há muito que se sabe que as crianças não só precisam de alimento e higiene, mas também de atenção e cuidado, carinho. Sem esta componente afectiva, as crianças crescem mais raquíticas e débeis, expostas a mais doenças. A escola de Spitz observou a enorme mortalidade das crianças isoladas das mães. Daí que a relação transacional com os seres congéneres, que é constitutiva do ser vivo, adquira no ser humano uma importância capital. Especialmente importante é a "relação primordial" (Neumann, 1970) que se estabelece entre o recém-nascido e a mãe (ou a figura que faz as suas funções). Tece-se uma urdidura afectiva ou textura de relações interpessoais que constitui a fundamentação primeira do ser humano. Nas relações afectivas estabelecidas nesta rede modelam-se as estruturas adaptativas últimas da criança. Trata-se de modificações constitucionais ou programadoras que não só vão ficar fixadas indelevelmente, mas que ela, por sua vez, vai também transferir para a geração seguinte. A relação primordial ou urdidura transmite-se assim através de gerações. Diríamos que à imaturidade e prematuridade do ser humano responde, como solução, uma estratégia do afecto e da ternura.

PARTE II – AS DIMENSÕES DO MITO

Rof Carballo (1961: 53s: 1967: 34s) deu-nos uma visão sintética, fruto de toda uma vida de trabalho, desta textura fundamental do ser humano, que denominou *urdidura* (1967: 161). Segundo este autor, há três tramas ou urdiduras fundamentais: a constitutiva, a de ordem e a de identidade.

A *urdidura constitutiva* ou básica é a textura de relações que o ser humano estabelece com a mãe. Desta "simbiose mãe-filho" depende em grande parte, como a psicologia profunda pôs a claro, a criação de uma série de atitudes ou de perturbações de enorme importância para o desenvolvimento do eu pessoal. Praticamente deixarão nele uma marca indelével. Uma aproximação à importância desta urdidura constitutiva é-nos dada pela série de funções que se adscrevem à mesma, fruto da série de relações interpessoais da díade mãe-filho. Assinalamos as funções mais importantes (também Neumann, 1970): 1) amparadora ou tutelar; 2) a libertadora; 3) a ordenadora básica; 4) a vinculadora; 5) a mediadora com a realidade; 6) a da confiança básica; 7) a função de horizonte ou sentido; 8) a integradora; 9) a relação harmónica com o corpo ou função de unidade biológica. Os especialistas sublinham como importantíssima a perturbação da confiança de base. Se a criança não tem o carinho suficiente para sentir-se aceite, não desenvolverá a confiança básica no mundo para poder fiar-se e confiar e confiar-se. Pelo contrário, a sua percepção da realidade será que vive lançada num mundo caótico e que não é de fiar. A criança experienciará a realidade como algo absurdo e inexplicável para ela, o que gerará uma autoculpa radical que E. Neumann denominará "sentimento primigénio de culpabildiade": sente-se culpada por esta situação, indigna de ser amada, desprezível. Do mesmo modo as perturbações na função de horizonte ou sentido gerarão personalidades andadeiras ou giróvagas, na busca permanente de sentido ou, pelo contrário, com uma taciturnidade voltada para si que anseia pela reclusão compensadora.

A *urdidura de ordem* encontra-se em estreita relação com a constiturtiva. À acção protectora, nutrícia, abrigadora e acariciante da tutela da mãe na fusão da relação primordial segue-se, sem solução de continuidade, a acção ordenadora. A ternura tem também uma indicação e orientação, isto é, educa. Assistimos, portanto, no processo de crescimento, a que, com a união primigénia, se dá uma "separação" que vem da necessidade que a criança experimenta de ter que refazer-se constantemente: tem que construir a sua relação com a própria mãe, o seu corpo, o seu ambiente, etc., pôr-se em pé sobre as duas pernas e caminhar erguida, controlar os esfíncteres... Vai assim amadurecendo a sua própria mesmidade no âmbito maternal protector, que começa a experimentar como instável.

Já se vê que a urdidura da ordem (Carballo, 1967: 179s) se efectua com base na dupla experiência da "confiança básica" e da percepção de uma "instabilidade básica", necessária para que o novo ser vá criando uma firmeza e flexibilidade de adaptação à realidade. Esta instância central reguladora é a que posteriormente aparecerá como eu. Trata-se, portanto, de um jogo de protecção e de ternura que deixe suficiente instabilidade, separação, distância, para ir fortalecendo uma construção firme e plástica, ao mesmo tempo que proporcione a possibilidade de um primeiro esboço de estruturação da realidade e também da própria mesmidade.

Pode-se inclusivamente, como faz Rof Carballo, tentar descrever algumas das funções desta urdidura ordenadora. Assim, podemos distinguir: 1) os impulsos autoafirmativos expansivos: ter um âmbito de jogo, de corrida, etc., e também de afastamento ou delimitação do espaço frente aos outros; 2) abertura às relações transaccionais com outros "pares", isto é, função de entrelaçamento e de articulação social; 3) apoio e amparo, mediante a ritualização ou exaltação repetitiva da ordem (que supõe a assunção implícita do mundo dos pais, "super-eu" freudiano: a ordem como mãe vicariante que proporciona apoio e tutela).

É preciso notar o duplo carácter de abertura-ocultação que acompanha cada processo da urdidura: assim, a capacidade ordenadora que nos abre a um mundo mais vasto que o da tutela, que através da ordem obtém segurança, violenta ao mesmo tempo o "mundo das possibilidades ilimitadas", enquistando-as em opiniões, crenças ou condutas dadas, abandonando sem explorar a parte deixada de fora, sempre e inevitavelmente, pela urdidura primeira. Quando a mãe (ou o seu substituto) não tem a paciência suficiente para facilitar a passagem do mundo da tutela ao da ordem e se introduz a criança prematuramente no mundo cultural e do super-eu, acontece o que Neumann denomina a "castração anal" ou sentimento de culpabilidade e angústia obsessiva por adoptar os cânones morais da cultura dominante em que se vive. Teremos um puritanismo e rigidez moral, que é uma compensação para a ternura não recebida.

A *urdidura de identidade*, de acordo com o que vimos dizendo, pertence à urdidura primária: desde o primeiro momento de relação com a mãe estabelece-se também o primeiro esboço do processo de separação-abandono.

Segundo Wallace e Fogelson, seguidos por Rof Carballo (1967: 246), existem duas formas de identidade negativa e duas positivas. As negativas são a identidade que "se teme ter" e a identidade que "realmente se tem". As duas positivas são a identidade que se "pretende possuir" e a identidade "ideal a que se aspira". As quatro desempenham um papel fundamental, com as suas cruzes e reflexos, no meio de quatro apetências ou paixões fundamentais para o ser humano: a idolatria de si mesmo, o afã possessivo insaciável, a necessidade de admiração, o impulso para dominar e escravizar o próximo.

Em geral, deve-se admitir uma certa inibição da própria identidade no jogo de relações sociais. O patológico aparece quando a personalidade se fixou e anquilosou, fechou as suas possibilidades de abrir-se a outra coisa. Esta perda de capacidade de progressão atrofia o mundo ou "zona marginal" entre o pré-consciente e o inconsciente que vincula o homem com o primigénio mundo maternal. Como sabia a sabedoria antiga, encontrar-se a si mesmo é uma tarefa permanente.

Não deveríamos esquecer que com estas três urdiduras estão sempre a actuar os factores hereditários, que se irão manifestando ao longo da vida. Quer dizer, é preciso ver o desenvolvimento humano como "uma constante relação transaccional entre o acervo genético e o que está a acontecer no indivíduo, de forma constitutiva e quase indelével, em virtude das suas permutas, também transaccionais, entre ele e o seu ambiente" (1967; 291). Do mesmo modo é importante captar a articulação entre as três urdiduras: interpenetram-se e sobrepõem-se. Quer dizer, não se dão por ordem sucessiva, mas entrelaçam-se e caminham entrecruzando-se.

5.2. Os estádios mitológicos na evolução da consciência

O enfoque de C. G. Jung põe o acento na evolução transpessoal ou transindividual, universal, da personalidade. Jung vê a maturação e fortalecimento do eu guiado por dois processos: por um lado, por um desenvolvimento herdado, independente do indivíduo, quase como pode sê-lo a formação de qualquer parte morfológica do corpo humano, como o fígado ou o cérebro; por outro, por um impulso para uma actividade própria do eu. No decurso da evolução, o indivíduo passa de um a outro "arquétipo". Foi E. Neumann, o discípulo de Jung que melhor e mais profundamente trabalhou e estudou os "estádios arquetípicos do desenvolvimento da consciência" (1970: XV) ou "elementos estruturais do inconsciente colectivo", como foram denominados por Jung os arquétipos ou "imagens primordiais". Neumann recorda-nos, pela mão de Jung, que estes elementos estruturais ou arquétipos da psique são órgãos psíquicos de cujo funcionamento depende o bem-estar do indivíduo.

A tese fundamental dos trabalhos de Jung e E. Neumann afirma que "no curso do desenvolvimento ontogenético a consciência do eu individual tem que passar pelos mesmos estádios arquetípicos que determinam a evolução da consciência na vida humana" (Neumann, 1970: XVI). Cada indivíduo tem que seguir o caminho percorrido pela humanidade. Trata-se de uma vereda aberta pela história de milhões de indivíduos e que cada um tem que percorrer. É um processo que deixou vestígios: podem reconhecer-se na sequência arquetípica das imagens mitológicas. Quer dizer, Jung e Neumann entendem o mito como "uma projecção do inconsciente colectivo transpessoal" (1970: 197). Daí que proponham que a interpretação adequada seja a psicológica profunda ou a de ver no mito sempre os acontecimentos singulares que se narram como prototípicos e transpessoais com um significado colectivo.

Vamos recolher os principais marcos deste caminho interpretador do mito, seguindo o processo de constituição do eu.

5.2.1. A fase urobórica

Exprime a relação primordial da simbiose mãe-filho. Trata-se de um estado fusivo, indistinto, onde na criança ainda não há propriamente sujeito. Nesta primeira relação não há propriamente objecto. Daí que E. Neumann o exprima com o nome do animal mítico que morde a cauda, o *ouroboros*, e a este estado primordial, como estado urobórico da personalidade. Um estádio de evolução da consciência no qual "o eu está contiddo no inconsciente" (1970: 5).

Os dados parecem garantir que todas as culturas, das primitivas e arcaicas às primeiras civilizações, tiveram de uma forma ou outra uma mitologia da criação. Nela exprimem-se as origens da humanidade e as do indivíduo. Neumann recolhe o dado apresentado por E. Cassirer (1998, II: 94s) sobre as mitologias da criação: esta aparece como a criação da luz. Quer dizer, a criação inicia-se com o despertar da consciência. Mas não há estádio prévio de inconsciência? Como se simboliza?

Jung e Neumann viram no grupo simbólico do círculo, da esfera, do ovo, do *rotundum*, do mandala, a expressão dessa situação sem começo nem fim, o estado perfeito do princípio perfeito. Encontramo-lo no Tai chi chinês circular, que contém os pares de opostos, o branco e o negro, o dia e a noite, o masculino e o feminino; na *purusha* hindu, no andrógino platónico, na serpente circular egípcia, no dragão que morde a cauda e que se autogera, no Tiamat babilónio com a serpente primordial do caos, no Leviatã; no *ouroboros*, em suma (Neumann, 1970: 10--11). É o símbolo do "todo" e do "nada", da totalidade, da unidade, da indiferenciação, da ausência de oposições "de "conceitos", o princípio perfeito, o estado originário e embrionário. Para a psicologia profunda jungiana, simboliza-se aqui tanto as origens da criação como as do ser humano no ventre materno. A sabedoria do inconsciente colectivo exprime-se nestas mitologias, e vem dizer que este arquétipo é o da Mãe Primordial.

Nesta etapa, a consciência é embrionária. O predomínio do lado materno é total. O eu e a Mãe, o eu e o mundo estão unidos numa fusão oceânica, paradisíaca.

Este estado urobórico, encarnado no abraço protector da Mãe de todo o vivente, nunca existiu. É a imagem de um estado psicológico da humanidade e do início do ser humano. Mas o estado de inconsciência tem algo de natural e de estado de inércia. Custa muito aceder à consciência. Daí que o desejo de dissolver-se e desaparecer na Mãe se possa denominar "incesto urobórico" (1970: 16). Trata-se de um desejo de morte que se costuma entender como autodissolução e regressão. Mas o uroboros simboliza também o impulso criativo de todo o novo começo — o movimento rotatório da espiral da evolução. Por esta razão, o uroboros é o princípio criador, o deus primordial, Mãe e Pai copulando e reproduzindo-se, como mostram as culturas egípcia e hindu em diferentes formas. Mostra-se assim o lado obscuro e poderosamente criativo do inconsciente, a inspiração criativa que costuma ligar-se ao sopro, ao vento, ao espírito. Não é nada de estranhar que ao arquétipo urobórico pertença o conhecimento original e todas as formas que remetem para um pré-conhecimento pré-natal, das ideias platónicas ou do saber religioso do *saddik*, de toda a ciência infusa e revelação.

E. Neumann (1970: 34) distingue três estados nesta fase urobórica: 1) o estado pleromático de perfeição paradisíaca do não nascido, com estádio embrionário do eu que contrastará com o estado posterior do eu sofredor no mundo; 2) o uroboros que se alimenta a si mesmo é representado pela serpente que come a cauda, o peito nutrício da Grande Mãe e pelas cosmogonias que colocam o alimento como origem do mundo; 3) o uroboros que se autoincuba, autoproduz, representado pelo Atum egípcio copulando consigo mesmo. Frequentemente entendeu-se como expressão do estado narcisista, autista, autoerótico, egocêntrico, do estado antropocêntrico do uroboros e da autorrelação ingénua e autárquica da criança, como condição prévia do seu desenvolvimento posterior. Mas o símbolo autárquico do uroboros, o mandala, pode converter-se também no símbolo que antecipa o estado adulto e de liberdade. Deste modo, o uroboros não só é o símbolo do início, mas também do fim, do estado de autoformação ou centroversão; nele, temos simbolizados o paraíso e a Jerusalém celeste.

5.2.2. A Grande Mãe

Com a experiência do nascimento, inicia-se o primeiro contacto com o mundo e o início de um desprendimento do uroboros. Estamos na etapa da separação. A consciência, o eu, separa-se do inconsciente, a Mãe, que nesta etapa abrange tudo, o eu, o corpo e a natureza e que é a grande figura desta etapa infantil-adolescente. Mas lentamente a consciência vai-se separando do inconsciente, o que mitologicamene se exprime como diferenciação entre céu e terra, feminino e masculino. A Grande Mãe é o símbolo da tutela afectiva e terna e da mãe devoradora, os dois aspectos desta etapa psíquica. Esta ambivalência mostra-se também na relação do eu com os arquétipos deste momento.

Para o eu primitivo, esta etapa está figurada na sensação de ameaça pela mãe má em forma de deusa sangrenta e da morte, as pragas, a fome e todas as misérias, ou em experiência positiva de abundância, prazer, felicidade que sai do corno da abundância ou do seio materno. A profunda experiência do homem através de milhões de anos ficou fixada nestes arquétipos tremendos onde ainda hoje o ser humano experiencia o terror do primitivo. É uma experiência que reflecte o poder do mundo objectivo sobre o mundo da consciência (Blumenberg, 1979).

Esta fase infantil da consciência é descrita por Bachofen (1984) como matriarcado. De novo, trata-se mais de um estrato estrutural da consciência do que de uma época histórica. Agora o símbolo representativo é a Grande Mãe com o Menino ou as figuras não humanas do mar, do lago, do rio onde um menino nada ou pesca; está estreitamente vinculado com a fertilidade e o crescimento, com o mundo da agricultura, o alimento e o corpo. O homem depende da terra e da natureza, como o eu depende do inconsciente. Há um *continuum* na sequência mãe-terra--natureza-inconsciente que corresponde ao de menino-homem-eu-consciência. São numerosas as versões mítico-religiosas desta figura: desde a cabra cretense que alimenta o Zeus menino à Virgem Maria e o menino Jesus. As figuras dos meninos — o pequeno Horo, Jacinto, Diónisos, Melicertes — todos são filhos amados e cuidados pela deusa Mãe. A consciência infantil ainda não está completamente desperta, depende da Mãe. Há um "hermafroditismo infantil", como dirá Jung.

O processo de diferenciação da Mãe, isto é, do inconsciente, reflecte-se mitologicamente de uma forma altamente complexa.

a) Mediante a figura do filho-amante: o filho amado, que ao mesmo tempo é amante (o consorte fálico) da Mãe e que é morto e ressuscitado por ela. As figuras de Atis, Adónis, Tamuz e Osíris reflectem mitologicamente as relações infantil-adolescentes do inconsciente com a consciência. Percebe-se já que aqui a Mãe desempenha o papel da deusa terrível da Morte; em muitos casos, a Mãe aparece ligada à serpente (o signo do falo fertilizante) como Eva no paraíso bíblico, parte masculina do uroboros original.

O jovem amante aparece com traços de beleza, juventude e narcisismo. O acento no falo marcaria esta ênfase no corpo e na personalidade narcisista. O mito de Narciso e o culto do falo da fertilidade com as suas festas orgiásticas são as suas manifestações mitológicas, que quase sempre oferecem o subsequente rito de castração e morte do amante, expressão arquetípica da situação de dependência do eu adolescente sob o inconsciente ou Grande Mãe. Nesta etapa, que vai até à adolescência, o jovem não tem ainda masculinidade definida, consciência, um eu espiritual elevado.

b) A Grande Mãe — também se compreende — é o símbolo da fertilidade primigénia. Aparece frequentemente como Mãe Virgem. A virgindade é o símbolo da fecundidade — não da castidade, expressão da época patriarcal — da mulher independente, não ligada ao homem (amazonas, heteras, virgens consagradas como prostitutas sagradas que são o símbolo sagrado universal da antiguidade) (Neumann, 1970: 52). Compreende-se que sacerdotes e ministros eunucos, cuja castração ou desmembração significava a oferenda do falo, acompanhassem esta Mãe virgem. Psicologicamente este estádio significa — não confundir com o complexo de castração — a sujeição à Grande Mãe, inconsciente, expressa através dos símbolos ambivalentes de castração e sacrifício. De facto, é o arquétipo da Grande Mãe que é ambivalente, benéfico e mortífero, fascinante e terrível, positivo e negativo, destruidor e ressuscitador, fertilizante e desertificador. Não é de estranhar que apareça assim no Egipto e na Índia, Hator e Mut, como a deusa Mãe benéfica que alimenta os seus filhos e como a deusa selvagem ávida de sangue e destruição.

PARTE II – AS DIMENSÕES DO MITO

O difundido rito da fertilidade que exigia a morte de uma vítima, masculina, deus, rei ou sacerdote, cuja desmembração e sangue são oferecidos para fertilizar a terra, é mais uma figura do vínculo da Grande Mãe da fecundidade com o sangue (onde está contida a vida). No fundo, está latente o arquétipo da terrível Mãe Terra, bebedora de sangue, que tudo divide e dissolve nela, morre, para voltar a ser fértil. O mito da deusa frígia Cíbele — semelhante à assíria Astarte, à efésia Ártemis e ao conto de Bata do ciclo de Osíris —: filho amante, que se castra e que se transforma em pinheiro (falo) que é regenerado de novo pela deusa, é uma expressão mitológica desta sequência: castração, desmembramento, morte, ressurreição, correspondente ao ciclo natural da fertilidade: sementeira, colheita, decadência da vegetação, morte, nova regeneração. A proximidade da Grande Mãe, inconsciente, exprime sempre a ameaça da dissolução da consciência e da personalidade. Também da criatividade e da fecundidade. O mito de Osíris e Ísis é tomado por E. Neumann como expressão do arquétipo da Terrível Grande Mãe.

c) A Grande Mãe é também a Mãe Terrível, a Mãe terrorífica, presente em todas as culturas e civilizações com os atributos da destruição. São mães guerreiras, como a Deméter do carro puxado por leões ou as asiáticas Artemisas, Cíbele, algumas das quais, como a Artemisa de Otthia de Esparta, exige sacrifícos humanos. Mães fálicas, com atributos masculinos, aparecem tanto em Canaã como na Índia, na egípcia Ísis e na grega Deméter e até nos mistérios de Elêusis, como mostrou Kerényi. A Mãe cósmica com o porco (fertilidade) e as estrelas, que pode devorar o seu filho (Ísis).

Talvez em nenhuma outra figura como a desta Grande Mãe Terrível o ser humano tenha projectado mais a sua imaginação e fantasia para representar as intenções perversas e os perigos desta deusa mãe com dentaduras terríveis, apêndices mortíferos, falos destruidores, histéricas, de aspecto terrível como a Gorgona Medusa, a Esfinge, a anormal beleza das Hécates, as Messalinas, as Fúrias, as Perséfones, Afrodites. Trata-se de figurações, todas, da potência maligna que o maternal pode ter, representação imaginativa dos poderes negativos do inconsciente.

Na opinião de E. Neumann (1970: 88s), este conjunto de símbolos arquetípicos assinala as diversas etapas do processo separadaor e indepentizador da consciência em relação ao inconsciente: da completa impotência no estado urobórico (incesto urobórico) ao "incesto da adolescência", onde a morte do jovem no êxtase sexual é sintomático de uma consciência que se separa, embora não tenha ainda a força suficiente para resistir à Grande Mãe ou inconsciente. Percebe-se já uma luta para conseguir a separação, sugerida pela autocastração e pelo suicídio (Atis, Esmun, Bata...); a centroversão é indicada pelo mito de Narciso que recusa o amor das ninfas (parte da deusa Mae) mas fica enfatuado de si (autorreflexão). O Penteu que se opõe ao frenesim dionisíaco é outra vítima bem como a morte debaixo dos cavalos do casto Hipólito por rejeitar Afrodite são outras figuras desta resistência à Grande Mãe, inconsciente. Vai aparecendo uma masculinidade "solar" mais elevada do que a terráquea ou ctónica. Há ainda que esperar um pouco até aparecer o herói, como Gilgamesh, que, ajudado pelo amigo Enguidu, é capaz de resistir e recusar Ishtar com o poder da sua consciência. O passo seguinte prepara-se mediante a divisão da Grande Mãe em duas: a substituição da Grande Mãe terrível pelo varão assassino e a permanência da boa Mãe. Visto do lado mitológico da resistência à Grande Mãe, inconsciente, leva ao suicídio, tanto em Narciso, como no "Weltschmerz" romântico.

O passo final, antes de alcançar o estádio da consciência, do herói que vence a Grande Mãe é representado pela imagem mitológica dos irmãos gémeos, tema presente no mito de Osíris e Set, na mitologia cananeia com Baal e Mot e que ressoa na história bíblica de Esaú e Jacob ou em figuras não antropocêntricas na luta entre a serpente e o leão, a noite e o dia, o céu e a terra e a vida e a morte e de cujo poder arquetípico daria conta actualmente R. L. Stevenson com *O Dr. Jekyll e Mr. Hyde* e as numerosas versões e variações cinematográficas desta história. Foi interpretado por Freud como a luta entre o instinto de vida (Eros) e o de morte (Thánatos). Em Jung, esta luta de morte no seio da Grande Mãe é a imagem pictórica de um conceito psicológico: *o trânsito do inconsciente para a consciência*. O princípio masculino é já suficientemente forte para alcançar a consciência.

5.2.3. A separação do mundo dos Pais

Como já indicámos, os mitos da criação estão atravessados por uma separação fundamental, a do céu e da terra, a da luz e das trevas, a do em cima e a do em baixo. Alcança-se assim o símbolo primordial dos mitos da criação: a luz. É a expressão da iluminação e da consciência. E esta é reflexão, deliberação, autoidentificação. Este estádio apresenta-se como diferenciação do eu e separação do mundo parental: é o que significa a desmembração do dragão primordial.

O primeiro passo para a consciência é também a diferenciação e separação do mundo dos pais. Costuma aparecer também como diferenciação em relação à natureza e ao próprio corpo. Esta separação é uma luta, um acto criativo. É preciso abandonar a situação paradisíaca, urobórica, da Idade de Ouro, para avançar para a solidão do eu, o sofrimento da própria consciência, diferente do torpor animal, a distância que o espírito cria (Rilke). O mundo perde unidade e aparece a dualidade: dentro/fora, bem/mal, sujeito/objecto. A perda do paraíso exprime imaginativamente esta situação. É a perda primária — do estado de harmonia totalizante — que induz um sentimento de culpa original. Aparece a representação mitológica da morte dos pais, o seu despedaçamento às mãos do deus filho.

Encontramo-nos já perante a história da autoemancipação do eu: a história do herói.

5.2.4. O mito do herói

Entramos propriamente no estádio da humanização e da personalização. As diversas fases do mito do herói, que, no desenvolvimento pessoal, costumam coincidir com a puberdade e a juventude, constituem os diferentes passos do desenvolvimento pessoal de cada indivíduo.

A) Em primeiro lugar encontramos *o nascimento do herói*. Geralmente, este tem uma dupla ascendência, isto é, dois pais e duas mães: uns terrenos e outros mais elevados ou arquetípicos. O cânon mitológico (Rank, 1991) do herói redentor apresenta um nascimento sem pai ou de pai divino e mãe virgem. Acentua-se deste modo o carácter extraordinário, não humano, do herói: vem de deus — do deus-sol, como Horo no Egipto, ou de Zeus, como Hércules, de Posídon, como Teseu, ou os casos de Perseu, Íon, Rómulo, Buda, Karna, Zoroastro ou Jesus. O herói — a humanidade que vai acedendo à consciência — descobre que possui algo de divino nela.

Neste processo de autonomização do eu, E. Neumann (1970: 140s; Carballo, 1967: 265-266) dá uma grande importância à libertação da sujeição matriarcal, já que no princípio, nas sociedades pré-patriarcais, os grupos masculinos estavam ao serviço das forças matriarcais. A separação masculina dos laços feminino-matriarcais representa um salto em frente no desenvolvimento da mesmidade. Daí a importância da formação do grupo de varões ou sociedades masculinas, secretas, com os seus ritos de iniciação, a que os adolescentes têm de submeter-se para entrar na categoria dos adultos masculinos. Todos estes rituais — que continuam a viver nos bandos e grupos de jovens até hoje — e que servem para fortalecer a virilidade e estabilidade do eu, devem ler-se no seu sentido profundo psicológico: como a luta por libertar-se da dependência materna, inconsciente, excessivamente aprisionante. Daí que os rituais tenham uma ênfase nem ctónica nem fálica, mas "espiritual", de renascimento e iluminação. O grupo masculino é, portanto, o lugar do nascimento da individualidade e da consciência, do herói. A identificação espiritual com o totem ou o antepassado funda o espírito comunitário-individual do grupo em contraste e separação com o arquétipo da Grande Mãe. Não é de estranhar que se encontre entre as representações mitológicas a figura do deus rei criador, masculino, celeste, a personalização deste processo de separação do inconsciente materno. Quando esta identificação com o celeste e masculino é suficientemente forte, o herói está preparado para enfrentar o dragão da Grande Mãe.

B) Uma vez que temos um eu inicialmente independente, agora vai ver-se ameaçado pelos dois pares opostos do mundo dos pais ou do inconsciente: o da mãe e o do pai. É o que mitologicamente se denomina *a luta contra o dragão*. O cânon do tipo clássico destas mitologias do

PARTE II – AS DIMENSÕES DO MITO

herói abrange o herói, o dragão e o tesouro. Já sabemos que o herói é o eu em busca de si mesmo; o dragão tem todos os traços do uroboros; o tesouro é variado: a princesa cativa, a pérola de grande preço, a água da vida, a erva da imortalidade. A luta contra o dragão significa a luta de morte contra o pai e a mãe, isto é, contra os inimigos, inconscientes, do eu. Trata-se de um momento importante do desenvolvimento da humanidade e da consciência do indivíduo, que a psicanálise conhece como o problema do "complexo de Édipo" e a psicologia junguiana como o "problema dos primeiros pais" (Neumann, 1970: 153).

O primeiro estrato desta luta contra o dragão é, segundo E. Neumann, que combina e corrige as teorias de Freud e de Jung, contra a mãe-dragão (1970: 154; Rank, 1991: 81s). Esta luta contra a dimensão do inconsciente, representada pelo arquétipo maternal negativo — após a divisão em parte maternal e paternal — exige do herói: a superação do medo do feminino (Grande Mãe), a entrada na caverna, a descida ao inframundo ou ser devorado pelo monstro (incesto com a mãe (1970: 156, 171) e o renascimento ou emergência vitoriosa. A sua melhor expressão são os mitos solares, com os seus símbolos do grupo celeste, solar, do logos e do alento ou espírito. A luta de Javé contra a Astarté filisteia ou o relato de Sansão, para não citar o próprio Cristo, o redentor que traz a luz ao mundo — um novo estado espiritual, uma nova consciência — depois de passar pela morte, são exemplares bíblicos deste estádio mitológico; os mistérios de Ísis, descritos por Apuleio, têm o mesmo sentido psicológico, como o mito do "meio-herói" Édipo, que vence a Esfinge, comete incesto com a mãe, isto é, supera o medo da Grande Mãe castradora, mas mata o pai, isto é, regressa ao estádio do filho-amante, o que lhe não permite libertar-se. A "Oresteia" ou a mitologia hindu de Rama seriam mitos do herói que triunfa sobre o inconsciente feminino negativo.

O segundo estrato da luta do herói é contra o pai-dragão. Quer dizer, tem que superar a parte paternal do uroboros. Também há uma parte do uroboros paternal negativo: a dimensão inconsciente, negativa, da cultura, que adopta figura arquetípica paterna. O herói levanta-se frente a esta dimensão opressiva do eu. Tem que lutar contra o pai-dragão, contra a velha lei dos costumes estabelecidos, como fez Abraão ao ouvir a voz de Deus e destruiu os velhos ídolos, saiu da sua terra e fundou uma "nova ordem". O relato de Moisés e de Hércules, que sofrem a perseguição da figura paterna negativa (com todo o seu arsenal de forças e monstros devoradores) e são ajudados pela positiva ou divina, dá-nos variações do mesmo tema. Esta interpretação supõe, já se vê, a negação da interpretação freudiana do complexo de Édipo e da morte do pai pelo bando dos filhos (Neumann, 1970: 182s). Valoriza-se mais o confronto geracional das figuras pai-filho. O arquétipo paternal negativo aparece na figura do Pai Terra fálico, do estremecedor Espírito do Pai. Em todos os casos, impedem o desenvolvimento espiritual do filho, do eu, através do cativeiro e da posse (a identificação com as normas colectivas, o sistema rígido dominante, etc.). Significa a aniquilação ou castração "ascética", através das forças culturo-espirituais (Neumann 1970: 189). Esta castração paternal que toma a forma de escravização à lei do pai pode chamar-se "complexo de Isaac": a confiança plena no pai até ao sacrifício. Este complexo típico do judeu ortodoxo (Neumann, 1970: 189) pode estender-se a toda a dependência ideológica e religiosa rígida de toda a atitude fundamentalista. O seu reverso é o "filho eterno", o eterno revolucionário, uma espécie de jovem perpétuo que não aceita assumir o lado paternal da institucionalização e da lei. O mito babilónico de Etana, o Ícaro mesopotâmico põem-no a claro. O triunfo do herói supõe a superação das peias culturais para o desenvolvimento do eu.

Onde nos leva esta superação do eu? Onde desemboca?

A resposta a estas questões coloca-nos perante a terceira parte do desenvolvimento mitológico da consciência e conduz-nos aos mitos de transformação.

5.2.5. O mito da transformação

Há um problema que está latente no fundo de todo o mito e símbolo: a que é que se refere? Vistas as coisas desde uma perspectiva psicológica, como é a que estamos a abordar, a questão apresenta uma resposta dupla: uma mais objectiva e outra mais subjectiva. Se tomarmos como caso o que nos ocupa acerca da finalidade da mitologia do herói e a sua luta com o dragão, temos que uma das respostas, o resgate da princesa cativa ou a obtenção de um tesouro, pode significar coisas diferentes, ainda que afins e complementares. Numa interpretação objectiva, a princesa cativa refere-nos ao mundo das relações e dificuldades reais entre o homem e a mulher; subjectivamente, o mito leva-nos à luta de libertação que tem lugar na nossa psique entre o eu masculino e a sua alma. Não é necessário dizer que Jung e E. Neumann privilegiam esta última interpretação (Neumann 1970: 196), ao compreender o mito como "uma projecção do inconsciente colectivo transpessoal".

Assim, a interpretação proposta pela psicologia jungiana para o significado da libertação da (princesa) cativa das garras do leão pelo herói, que quase sempre termina em casamento, quer dizer a "cristalização da *anima* a partir do arquétipo materno". Quer dizer, resgatar e libertar a dimensão feminina de si mesmo, a possibilidade de uma relação madura com a mulher ou o feminino. Enquanto se tiver medo da mãe castradora ou se amar o lado maternal da mulher, a relação permanece imatura. O mito mostra como há uma parte feminina positiva que ajuda o herói: o lado fraterno da mulher ou mãe. Os heróis recebem a ajuda de Medeia, Ariadne, Atena, da parte fraterna de Ísis, isto é, da dimensão feminina da alma (= "*anima*"), um ser espiritual que representa o feminino enquanto separado e distinto do feminino colectivo e inconsciente ou "materno" ameaçador (Mãe). Vê-se através desta dimensão que a tarefa do herói é libertar-se para alcançar um eu que se possa relacionar com um "tu" no sentido mais amplo da palavra (heterogeneidade). O herói termina unindo-se com a cativa libertada e fundando o seu próprio reino (Carballo, 1967: 267s; Neumann, 1970: 213s). Assim desperta e realiza as imagens que dormiam na sua psique. Torna-se criador. Este é o tesouro encontrado.

A dimensão criativa do herói corresponde ao esforço por consolidar e defender o tesouro do eu. Magia, religião, arte, ciência e técnica são o fruto deste trabalho criativo e defensivo. Quer-se a estabilidade e a indestrutibilidade. Tem a sua expressão mitológica na conquista da morte, na luta por defender-se contra o seu poder. Para Neumann (1970: 220s), o melhor protótipo encontramo-lo na cultura egípcia à volta do culto e do mito da figura de Osíris. Este deus da fertilidade, que tem diversas facetas, apresenta todo um conjunto do processo de desenvolvimento do eu.

Primeiro, uma fase matriarcal em que morre despedaçado às mãos de Set para proporcionar a fertilidade da terra; regenerado por Ísis, é um falo da Grande Mãe, um falo criador, que gera Hórus e símbolo da própria fertilidade; o seu antagonista é o seu gémeo Set, a boa negra, símbolo da dimensão perigosa do inconsciente ou Grande Mãe; Osíris, ao ser o contraprincípio de Set, o falo criador, é o símbolo da permanência, a resistência à decadência e à morte, o Senhor da Eternidade, como é chamado no Livro dos Mortos. Em segundo lugar, Osíris, pela sua ressurreição, transforma-se no deus solar, Ra. Assim, Osíris tem duas faces: a de deus do inframundo e a de deus solar, criador e unificador de tudo. Na sociedade patriarcal, Osíris torna-se um com Horo – que gera —, o liquidador de Set, e fica acentuada a parte fraternal de Ísis. Osíris-Hórus é, deste modo, o herói que consegue resgatar a dimensão feminina e acaba por fundar uma sociedade nova para sempre. Porque o mito de Osíris-Hórus mostra que na pretensa morte do eu encontramos a nova vida do si mesmo. Passamos do eu ao si mesmo como a fase última do desenvolvimento e evolução da consciência humana (1970: 256).

5.3. O mito como expressão do inconsciente colectivo

Não podemos deixar de manifestar um grande fascínio pela capacidade do relato mitológico para exprimir a evolução da consciência humana. Mas fica sempre a suspeita de saber se o fascínio deve ser dirigido mais para o intérprete do que para o interpretado.

Para R. Girard (1982: 399), "as heresias psicanalíticas são sempre heresias platónicas". Quer dizer, a reserva que desperta a escola jungiana é que essencializa excessivamente os dados do inconsciente com os seus arquétipos. O psicanalista jungiano, como E. Neumann, vê uma coisa essencial no mito: a dinâmica da constituição da consciência. Mas não ficará prisioneiro dos seus próprios conceitos interpretativos, que o obrigam a hipostasiar o inconsciente e a coisificar como causalidades essenciais os dados do mito? Claro que o argumento do "tu quoque" está à mão: quem é o intérprete do mito que não tem pressupostos e conceitos interpretativos? Estamos presos ao círculo hermenêutico. O correcto é respeitar a força interpretadora e ver a justiça que fazem com o interpretado. Deste ponto de vista, o respeito que ganha a seriedade do tratamento da psicologia da escola junguiana está fora de toda a dúvida, embora nunca fora de uma crítica e discussão permanentes.

Para outros (Cencillo, 1998: 507), a interpretação psicanalítica é uma das interpretações possíveis. Tem o mérito de descobrir as possibilidades que o mito oferece para aceder a um campo da realidade obscura que não está à mão: o inconsciente colectivo. Mas essa região nunca foi demonstrada de modo a fazer fé. A falha é cair no reducionismo: crer que o mito se esgota na expressão da origem e evolução da consciência. Mais ainda, em "não estudar os mitos em si mesmos, mas exclusivamente na sua relação com o processo de individuação dos seus pacientes e atribuir-lhes a priori significados bem determinados, mas construídos por ele e pela sua escola" (Cencillo, 1998: 507). Este autor continua: "o erro básico de toda a análise de sonhos e de símbolos de toda a corrente psicanalítica, até hoje pelo menos, é que não permite à vida inconsciente *dizer o que está a ter que dizer* sem o modelo do analista de turno".

5.4. O retorno do mito do tesouro escondido

Vivemos tempos de mal-estar psicológico, de crise de identidade e de comunidade, de carência de conhecimento de si mesmo. Há sede de si e são muitos os dragões, a sombra, que espreitam o cavaleiro andante à procura de si mesmo: a superficialidade da cultura do consumo e das mil e uma sensações, a dispersão da informação e a perda de orientação axiológica no nosso tempo. Estas condições sócio-culturais aliam-se às dificuldades que o acesso ao eu verdadeiro contém.

Nesta atmosfera, há manifestações e retornos da busca do eu profundo. Teremos aqui uma corroboração afastada da verdade intuída e analisada pela escola junguiana? A prova da perdurabilidade e justeza dos relatos míticos sobre a origem e o desenvolvimento do eu?

De uma forma talvez mais rigorosa, diríamos sintomas e manifestações de um regresso do mito e do seu poder perante a manifestação iniludível do "mistério" da consciência.

Indicamos duas formas desta busca do sentido do eu e do mundo que são notórias e sintomáticas no mundo cultural que nos rodeia.

5.4.1. *Histórias para despertar o si mesmo*

Assistimos a um retorno do sagrado generalizado. Um neomisticismo suave e com tons psicológicos à busca de si mesmo mistura-se com uma pretensa radicalização racionalista e secular. O neognosticismo da New Age é apto para a sacralização da consciência e para redescobrir os caminhos do herói em busca do tesouro escondido e esquecido do si mesmo. Bons tempos para o retorno de versões doces e superficiais da difícil e longa aventura humana de encontrar-se consigo mesmo.

Nesta linha, inscreve-se uma série de escritos e escritores que quiseram sublinhar, ou pelo menos sugerir, as etapas desta marcha para o encontro consigo mesmo e com a sua própria e profunda identidade e ser. Sirva de exemplo a obrita de R. Fischer *El Caballero de la Armada Oxidada* (Obelisco, Barcelona, 1998, 30 ed.). Uma obrita que se deve ao guionista de Groucho Marx e outros cineastas e que em língua espanhola conta com trinta edições em apenas quatro anos. A editorial que a publica tem uma série do mesmo estilo. No inverno de 1999, esta obra ocupava o primeiro lugar dos livros mais vendidos na Argentina (cf. *El País*, Babelia, 6-III-99). Nesta mesma linha, deve situar-se o êxito extraordinário de Paulo Coelho, *O Alquimista* (1988), que recolhe também de modo muito convencional o esquema da busca ou "peregrinação interior" num conto edificante de inspiração "New Age". São pequenos tratados pedagógicos que sugerem e estimulam uma marcha ao encontro consigo mesmo, apresentados como um processo iniciático ou o enfrentamento do herói com a sua inconsciência. A saída do desconhecimento de si efectua-se através de uma série de provas ou castelos: o do silêncio para deixar ouvir o eu profundo; o do conhecimento da verdade do descentramento e da preocupação pelo outro, além da descoberta da radical bondade do nosso eu; finalmente, a superação, mediante a Vontade e a Ousadia, do dragão do medo que paralisa toda a realização. Estas provas do herói, até alcançar o tesouro de si mesmo, alcança-o o cavaleiro agrilhoado na sua "inconsciência" com a ajuda do (arquétipo) do "velho sábio" (Merlin) e as ajudas "femininas" da *"anima"* em forma de pomba, arda, etc., sábias e cooperadoras.

Trata-se de uma versão enormemente suavizada e popularizada do processo de chegar a ser si mesmo descrito por Jung e pelos seus discípulos para tempos de mal-estar e bloqueios psicológicos, crises de identidade e comercialização destes sentimentos; um sintoma de uma preocupação inerradicável; uma religiosização do processo de individualização, como já intuíra E. Durkheim; a presença do sagrado no processo humano de busca de si e do sentido último da vida. No fundo, temos todo o tema da "peregrinação" interior e exterior do ser humano (*Concilium*, 266 (1996); V. Turner e E. Turner, 1978).

5.4.2. *Contos populares, eu e o Mistério*

As investigações do folclorista russo V. I. Propp, bem como as do finlandês Jan de Vries e outros, já viram a proximidade entre os grandes contos populares e o mito (Eliade, 1961: 21s; Jung, 1944: 13s). No fundo, estava latente o mesmo problema da descoberta do verdadeiro eu como o tesouro escondido, a princesa cativa, etc. Este caminho estava eriçado de dificuldades e provas que o pequeno herói devia superar antes de vencer o dragão, libertar a comunidade da miséria da praga que a assolava e casar-se com a princesa.

Cada conto é um caminho de acesso ao inconsciente e descreve-nos simbolicamente algo importante do processo de individuação. O conto não coloca tanto o acento no contexto cultural como na estrutura de um comportamento exemplar, susceptível de ser vivido em diferentes situações culturais e momentos históricos. Dado que, como vimos dizendo, na escola jungiana a parte inconsciente do homem é sobretudo feminina, não é de estranhar que seja a *"anima"* — as figuras femininas desempenham um papel orientador e protector fundamental nos contos orientais, eslavos e praticamente em todos — a conduzir o herói em questão (desde "Ali Babá e os quarenta ladrões" (Kast, 1998) a qualquer dos contos recolhidos pelos Irmãos Grimm) ao seu interior para ali encontrar o seu tesouro. Depois de vencer as forças negativas que lhe tinham roubado a sua energia vital — a sombra pessoal —, recanaliza as suas "riquezas" e consegue uma vida mais completa e feliz.

Este uso simbólico dos contos como estrutura do inconsciente colectivo é aproveitada também na literatura de carácter psicológico-espiritual. Estamos a assistir à proliferação de publicações com este fundo (Schluchter, 1998; Au/Canon, 1999). Trata-se de uma interpretação que quer unir a busca de saúde psicológica e o desenvolvimento espiritual. Parte da interrelação dinâmica entre o nosso eu psicológico e o espiritual, da relação estreita que existe entre ambos. A chamada à maturação espiritual caminha de braço dado com a integração pessoal. Trata-se de uma espiritualidade de tonalidade holista que procura acalmar a fome de ser que o nosso mundo da cultura relativista e fragmentada apresenta. Uma atenção à profundidade do ser, ao Mistério no mistério de cada um, num tempo de uniformização crescente do consumo e de uma cultura mundializada da trivialidade.

6
Mito e cultura

O mito está empenhado no sentido da totalidade da realidade, inclusive da realidade vista na sua dimensão temporal ou diacrónica. Se a cultura é o espaço doador de sentido, pessoal e colectivo, e se o mito é o relato que se ocupa de nomear, relacionar e dar coerência à realidade vinculando-a ao Sentido, não há a menor dúvida de que tem de haver um entrecruzamento de caminhos entre mito e cultura.

De que modo se relacionam mito e cultura? A cultura está impregnada de mito e mitos ou existe alguma cultura que proporcione sentido sem recorrer ao mito? O mito é um momento cultural da busca de sentido ou uma mediação permanente e necessária? O mito proporciona uma ajuda no momento de diagnosticar o mal-estar cultural ou crise do nosso tempo?

Passam por estas perguntas os principais problemas que queremos abordar neste capítulo, conduzidos pela mão de alguns estudiosos dos mesmos. Como nos casos anteriores, não procuraremos tanto ser exaustivos como situar a problemática através de alguns dos autores "exemplares". Deste modo, continuamos a ver as enormes virtualidades do mito ou, talvez melhor, a sua realidade inevitavelmnete presente na cultura. Este facto permite-nos ver mais uma angulação do mito e poder explicar, com mais profundidade do que a mera referência a retornos mais ou menos dependentes da moda, as razões de permanentemente se tornar presente nessa realidade sócio-cultural.

6.1. Uma visão arquetípica do desenvolvimento da humanidade (E. Neumann)

Já vimos em síntese "as origens e história da evolução da consciência" pela mão do psicólogo jungiano E. Neumann, que era um homem profundamente tocado pelo mal-estar da época. Os seus estudos encaminham-se sempre no sentido de explicar ou dar "razões" dos tremendos traumas do século XX, da barbárie nazi ao predomínio do patriarcal na cultura ocidental (1970: 421; 1990: 5s; 11959: 7s; 1994:51; Mayr, 1989). Daí que alguns dos seus escritos estejam atravessados por esta preocupação e que no decurso dos anos tenha esboçado, através do estudo do arquétipo da Grande Mãe, uma espécie de desenvolvimento da humanidade, isto é, da consciência.

No fundo, orienta-se pela tese ou descoberta de que a evolução da consciência/inconsciente colectivo, as suas diversas fases desde o uroboros original, passando pelas etapas matriarcal e patriarcal, assinalam as características da cultura em cada momento histórico. Vejamo-lo a partir da situação particular da cultura ocidental, que ele caracteriza como dominada pela consciência e cultura patriarcais.

6.1.1. *O predomínio da consciência e da cultura patriarcal*

O problema que é preciso explicar é porque é que estamos a viver num mundo ocidental, herdeiro de Atenas e de Jerusalém, que se caracteriza pelo predomínio da componente patriarcal-masculina, isto é, por um nível psíquico no grau do desenvolvimento da consciência e do inconsciente que se vive com um domínio colonizador por parte da dimensão psíquica ou símbolo masculino. O chamado consciente colectivo é o que oferece uma série de manifestações nas quais "o desenvolvimento da consciência patriarcal culmina na relativa libertação do inconsciente, e numa independência na qual o eu tem à sua livre disposição, em qualidade de vontade, uma certa quantidade de libido desviável, que pode aplicar a seu gosto a um sistema consciente bem diferenciado" (1994: 76).

PARTE II – AS DIMENSÕES DO MITO

Esta evolução para a consciência masculino-patriacal deve ser valorizada como algo positivo no que tem de saída da situação urobórica ou de uma inconsciência encerrada em si mesma, para um sistema psíquico separado: a passagem pelo domínio do arquétipo da Grande Mãe ou matriarcado e pelo patriarcado ou domínio do arquétipo do Grande Pai.

O que é criticável não é a evolução, mas a má integração dos processos anteriores, concretamente da consciência matriarcal, que não se pode reduzir a um resto arcaico que se deve superar, pois trata-se de uma dimensão psíquica que é preciso integrar. Parece que existe permanentemente a tentativa masculina de controlar e dominar o feminino. Por trás disto encontra-se a fantasia de desejar e poder possuir tudo: crer numa situação paradisíaca ou ideal ilusório. O resultado a que esta sombra de rapacidade conduz é a instauração de relações de domínio e escravidão com a natureza e o outro sexo, que em última instância se voltam contra o próprio homem. "A diferenciação que culmina na consciência patriarcal moderna levou a uma neurotização do homem moderno, à sua auto-alienação e a uma perigosa perda da vitalidade criadora da sua psique" (1994: 95). O juízo de E. Neumann é claro e contundente. Afecta a cultura ocidental com o predomínio da consciência e da cultura patriarcal que supõe. Vejamos alguns dos esclarecimentos deste processo por parte de Neumann.

6.1.2. *A neurose do nosso tempo: a opressão da cultura matriarcal*

A cultura patriarcal apresenta muitos contributos ou vantagens e atractivos. Não há como lançar um olhar à nossa volta, isto é, sobre a nossa própria situação sócio-cultural. Neumann dirá que a consciência masculino-patriarcal é um órgão extraordinariamente valioso para o desenvolvimento da espécie, dada a sua capacidade de adaptação e assimilação (1994: 76). Do lado do seu haver deve colocar-se uma grande rapidez de reacção, a especialização da consciência, a capacidade de abstracção e de pensamento diferenciado, impassibilidade emotiva, juntamente com a sua capacidade lógica e aplicação e manipulação empírica. Ama a luminosidade solar (o sol é o símbolo dominante), que ilumina e expulsa a obscuridade de qualquer signo (1959: 8s). A religiosidade é monoteísta e patriarcal e está muito presente no mundo bíblico do judeo-cristianismo. Se o contemplarmos a partir das suas impressionantes realizações actuais, damo-nos conta da sua capacidade para controlar a natureza, de produção ingente de coisas e de comercialização consumista através do mercado. Com M. Weber e tantos outros críticos culturais posteriores, como a Escola de Frankfurt, diríamos que cria uma cultura do desenvolvimento ingente de meios, mas não põe tanto em questão os fins ou objectivos que serve. Assistimos deste modo, diríamos com Neumann, a um esquecimento do inconsciente ou matriarcal que não deixa de ser ameaçador para a natureza e para o próprio homem, através do afã de domínio, de lucro e administração. A neurose que Neumann detecta no homem e na cultura actual deve-se a uma subjugação do feminino-matriarcal que não é consciente das suas virtualidades e dos seus contributos.

O feminino-matriarcal, tão analisado pelo nosso autor nas suas obras, leva-nos para o lado do inconsciente e do afectivo relacional. Não predomina tanto a lógica como a vida e o símbolo, nem tanto as dimensões diferenciadas do claro e distinto como a fidelidade à totalidade da psique — é uma sensibilidade mais passiva e receptiva do que controladora e dominadora. O feminino é assaltado pela intuição nocturna da lua (o seu grande símbolo arquetípico com a terra); ama a obscuridade, o silêncio, o ocultamento, a gravidez da vida e o crescimento tranquilo. A sua religiosidade centra-se nos arquétipos das divindades femininas e da Grande Mãe; as suas tendências religiosas caminham pelo contemplativo e emocional e pela sabedoria da espera, da aceitação e da maturação totalizante e transformadora (1994: 88s).

A dimensão feminino-matriaral da psique e da cultura não é toda positiva. O espírito lunar está ameaçado pelos perigos do natural: o eu pode permanecer dominado pelo inconsciente, facilitando-se a regressão à Mãe Terrível e à Bruxa, que vampirizam o eu e o impelem para o inconsciente volúvel, caprichoso e sonâmbulo, que desemboca na loucura.

Explicado o sucedido, aplicando a simbólica da evolução da consciência, diríamos que o eu ou o Herói, na sua luta com o Dragão e o perigo do inconsciente, produziu na modernidade um eu extremadamente forte. Deu morte ao Dragão do inconsciente a ponto de esquecer-se das forças criativas e da enorme riqueza do feminino-matriarcal. Sem os freios do espírito lunar matriarcal, o eu moderno degenera no individualismo e no descontrolo do domínio em nome da lógica e da racionalidade (unilateral) do funcional.

Hoje, no tempo da modernidade, a tarefa já não é matar o Dragão sem mais. Estamos num segundo confronto do Herói ou eu com o Dragão: desta vez, trata-se não tanto de liquidar (reprimir) ou de morrer (regressão) frente ao Dragão como de assimilá-lo ou domesticá-lo. Trata-se de integrar as forças do feminino-matriarcal no eu forte masculino-patriarcal. É um processo de reconfiguração do inconsciente e de criatividade da consciência. Requer transformar as tensões que ameaçam com uma dialéctica destruidora em polaridades criativas. Parece-nos ver no diagnóstico e proposta do mito de A. Ortíz Osés (1996:127) uma interpretação com certa afinidade neumanniana: "O presente caracteriza-se por esta polémica entre duas grandes interpretações da experiência: a que propugna assumir o mal e a que propugna extingui-lo, a que luta com a morte e a que luta contra a morte, a que se acolhe sob o arquétipo da Deusa Mãe telúrica e a que se situa sob o arquétipo do Deus Pai celeste. No nosso horizonte cultural, distinguimos nitidamente entre a mitologia sedentária proto-mediterrânica, de signo agrário, e a mitologia nómada indoeuropeia e semita, de signo pastoril-ganadeiro. Mas o mais relevante do ponto de vista cultural talvez se encontre precisamente na *mediação* de ambas as mentalidades, tal como aparece no cristianismo enquanto mito-religião *fratriarcal*, mas também na mitologia grega do Hermes mediador de Diónisos e Apolo, assim como na cosmovisão neoplatónica da Alma mediadora do mundo que chega ao Renascimento. No caso do cristianismo, encontramo-nos com uma religião mesclada ou mestiça de judaísmo e religião mistérica, portanto, de profetismo hebraico e paganismo mediterrânico. O seu símbolo mitológico bem poderia ser o Cristo da Capela Sixtina no seu duplo movimento de separar antimitologicamente o bem do mal, os bons e os maus, e de coimplicar simultaneamente ou mitologicamente uns e outros num gesto que se faz eco de Hermes e Laocoonte".

6.1.3. A descoberta do inconsciente criativo e as reduções da modernidade

Descobrir que no inconsciente há uma dimensão criativa que espera mais a assunção do que a mera repressão ou liquidação significa abrir-se às potencialidades positivas da dimensão matriarcal. Ou, se se preferir, lendo esta problemática a partir da particular história ocidental feita de repressão do outro (matriarcal): descobrimos que no reprimido, oculto, encoberto ou esquecido, estão presentes aspectos enormemente humanizadores, que foram confundidos com o meramente inconsciente ameaçador. A racionalidade patriarcal, positivista, como repete Neumann, exclui como irracional ou arracional tudo o que não domina ou submete ao seu império. Entre estes aspectos encontram-se os aspectos inconscientes e numinosos, fonte de sentido.

Notemos como Neumann destaca, no seu diagnóstico, um aspecto particularmente importante da cultura ocidental: o seu carácter repressivo do que não é manejável com a claridade lógica nem redutível à manipulação do mensurável e contrastável empiricamente. Fora da claridade solar, que cada vez mais parece identificar-se com a racionalidade científico-técnica e produtiva, com o domínio funcional — esse inflacionismo positivista do "homo sapiens faber", como dirá Neumann (1959: 14s) —, pareceria não existir senão a ameaça da confusão. O resultado será que este homem moderno fica só e desprotegido no vazio do cosmos físico e perdido no sem sentido da vida. A dimensão funcional e instrumental não lhe traz respostas nem "meios" para lidar com os problemas existenciais e de sentido.

Não tem nada de estranho que a afirmação das dimensões positivas da consciência matriarcal seja como que a exumação do oculto e o apelo a uma racionalidade ou conhecimento anterior ao lógico e conceptual. Significa situar-se no "impulso amplificador da *anima*, abrir-se à sabedoria da terra, do instinto da vida e da aferência. Supõe uma espécie de "despertar" (*awakening*) ou desvelamento de um véu da consciência que nos permite perceber a unilateralidade do espírito solar, que não nos deixa ver o que existe no lado da sombra lunar. Se acontecesse isto, a cultura moderna, o homem actual, tornar-se-iam conscientes do seu não saber. Dito à maneira patriarcal e conceptual, sem metáforas nem referências à linguagem simbólica: a abertura às dimensões não conceptuais da linguagem e do pensamento desvela-nos um mundo não visível, escondido, para o conceito. Um mundo imprescindível para o sentido.

A proposta neumanniana apresenta uma surpresa mesmo para a própria racionalidade positivista e patriarcal: será fecundada criativamente pelas dimensões matriarcais. A fecundidade e a fertilidade crescerão, o funcional encontrará o contrapeso e calor matriarcal relacional. A neurotização do homem moderno, na autoalienação patológica desta modernidade unilateralmente racional, encontraria uma cura. Recuperaria a vitalidade criadora da psique. Descobriria que juntamente com o negativo do inconsciente há a dimensão positivo-numinosa e criativa.

Esta cura do eu moderno e da cultura não se alcançará, se não houver uma autêntica saída de si, um processo de mudança que exige uma verdadeira aventura de cavaleiro andante, guiado pela *anima*, à busca de si mesmo, do esquecido e perdido no caminho desaforado para o desenvolvimentismo tecno-produtivo. A tarefa actual está a exigir a libertação da consciência patriarcal do seu predomínio neurótico unilateral, mediante a descoberta da complementaridade matriarcal ou do inconsciente numinoso positivo (1959: 95-96).

6.2. Uma teoria sacrificial da cultura (R. Girard)

Uma teoria, muito sugestiva, da cultura, embebida no mito, que procura explicar a violência como um fenómeno radical de toda a institucionalização, é a obra de R. Girard (1983; 1985; 1982). Este antropólogo cultural francês estabelecido nos Estados Unidos produziu uma verdadeira comoção no âmbito académico com a sua análise da violência fundadora e da sua interpretação.

6.2.1. *As origens da violência social*

A questão que é preciso explicar é a violência que vivemos na nossa sociedade. Se olhamos para o século XX, pelo menos a partir da sociedade ocidental, damo-nos conta das montanhas de cadáveres sobre as quais se ergue. Como faz notar A. Finkielkraut, pareceria que a ideia de humanidade foi esquecida por este animal racional e que esta seria "a arripiante originalidade do século XX" (1998: 11s). Porquê tanta violência? Onde se encontra a raiz de tanta relação humana mortífera?

Girard tem uma explicação antropológica social que oferece uma resposta sugestiva ao problema. A partir da sua convivência com Shakespeare, a tragédia grega e os mitos, foi consolidando uma intuição que foi tomando forma teórica e que, hoje, muitos outros estendem a campos e disciplinas diversos. Trata-se de um verdadeiro "processo de hominização" (1982: 97s).

O ponto de partida é simples e radical: o ser humano é um ser de desejo. Temos desejos, fundamentalmente, de ser, dirá Girard com tom filosófico-metafísico (1996: 24). Mas quando analisamos um pouco mais de perto este desejo, que cremos nosso, de "chegar a ser o que verdadeiramene somos", damo-nos conta de que não é um desejo próprio. É um desejo social ou dos outros, se por tal entendermos um desejo imitativo ou mimético, isto é, um desejo que "imita avidamente as palavras, os gestos, os comportamentos e, sobretudo, os desejos dos outros que nos rodeiam" (1998: 13-16). Graças a este desejo mimético (*mimésis d'appropriation*), as crianças fazem a sua aprendizagem social e de humanidade. Sem ele não assimilaríamos as línguas nem a cultura nem se transmitiriam de geração em geração.

Mas há algo perigoso no desejo mimético. Imitar o desejo de outro é o mesmo que desejar o mesmo, o mesmo objecto que o outro deseja. Estamos já na raiz da rivalidade. Girard esforça-se por explicar que esta rivalidade está enraizada mais profundamente do que na "escassez de recursos ou objectos" (Marx), de mulheres ou do desejo da mãe (antropologia, psicanálise) ou de reconhecimento pessoal (Hegel). Baseia-se na rivalidade mimética. Leva a um dilema insolúvel, porque conduz a uma espiral do desejo imitativo que gera uma rivalidade crescente. Desembocamos na tragédia.

Para compreender isso melhor, talvez devamos deter-nos por um momento na força expansiva que o dinamismo mimético arrasta consigo: é preciso cair na conta de que no processo imitativo generalizado eu sou modelo do meu próprio modelo e modelo para o que me imita e assim numa sequência sem fim. O resultado é um reforço recíproco da mimese, isto é, da rivalidade. Quer dizer, estamos perante a geração de uma turbulência social geral, uma autêntica máquina infernal de rivalidade, inveja, ciúmes, e, por fim, violência recíproca e interminável. A reciprocidade das relações humanas, vista desde a imitação, explica a rapidez e até a invisibilidade do mecanismo mimético.

Deste modo, estamos perante a raiz estrutural da violência ou, se se quiser, perante a origem do "espírito da violência" (1996: 8). As outras violências sociais serão derivadas. Esta intuição exprime-se miticamente na violência fratricida fundadora que parece assistir a cada origem de uma cidade, de uma civilização e da própria humanidade: Caim e Abel, Rómulo e Remo, etc.

A vida social está cheia, constituída, por esta dinâmica da relação humana. Assim se explica, a partir do mecanismo mimético que a anima, o processo de violência, nalguns casos terrível, que a acompanha. Mas também — e sobre este ponto Girard tem insistido ultimamente com mais clareza — explica a expansão de comportamentos altruístas, solidários, generosos. Girard está longe de crer e afirmar que o ser humano é um ser radicalmente prevertido — "os seres humanos não são intrinsecamente malvados, mas também não são tão bons como pretenderia a filosofia das Luzes", dirá; é sobretudo preciso ver que o mimetismo das suas relações tende a agravar todos os seus conflitos. Sem dúvida haveria que acrescentar que também ajuda a detê-los.

6.2.2. *O mecanismo vitimário*

A mimese de apropriação ou rivalidade mimética pelo mesmo objecto é perigosa para toda a sociedade. Transforma os membros em antagonistas. É preciso reprimi-la para que não degenere em violência destruidora da própria sociedade. Um modo de fazer com que a espiral da violência que ameaça engolir a sociedade se dilua é diferir ou projectar, *inconscientemente*, o nosso antagonismo sobre outros (os políticos, os estrangeiros, os ciganos, os judeus...). Quer dizer, utilizamos ou canalizamos a nossa violência criando bodes expiatórios mais ou menos parciais ou totais. Girard está parcialmente de acordo com o Freud de *Totem e tabu* quanto a "um único assassinato fundador da humanidade" (1996: 26). A morte colectiva real de alguém — bode expiatório — é o modelo do sacrifício. A morte desta vítima tem o poder de reunir a comunidade à sua volta, de projectar sobre essa vítima arbitrária os seus ódios e antagonismo e de pôr fim à crise mimética real. É uma vítima expiatória (1998: 37s) e unificadora (1983: 220), uma espécie de mecanismo vitimatório natural de resolução da crise mimética.

O passo seguinte nesta "génese da cultura e das instituições" é sacralizar a vítima. Se, antes do sacrifício, a vítima aparecia como quem pode destruir a comunidade, agora, depois do sacrifício e da reconciliação comunitária, aparece como a sua salvadora. Pede-se à vítima que não recaia na crise das rivalidades (1996: 33). Em seu nome tomam-se medidas, separações, proibições, para evitar a contaminação mimética geral. Daí que toda a sociedade conheça as proibições. O mecanismo inventado será referir a proibição ao sagrado. Quer dizer, a proibição aparece sob o véu transfigurado do sagrado. O conflito mimético dissimula-se assim por trás dos grandes símbolos sagrados. Girard dirá que "a sociedade humana começa a partir do momento em que, à volta da vítima colectiva, se criam as instituições simbólicas, isto é, quando a vítima se torna sagrada".

Quando reaparecerem as grandes crises miméticas, voltar-se-á a fazer, imita-se, o que fez a vítima: deixar-se matar pela comunidade. Mas agora escolher-se-á uma vítima de substituição que morrerá no seu lugar. É a vítima *sacrificial*. E estamos perante o *rito sacrificial*. Estes ritos vão sempre acompanhados do seu relato sagrado: *o mito*. O mito é na realidade o relato de um "linchamento fundador camuflado" (1982: 119; 1996: 33s; 1983: 240s). Girard insistirá em que os mitos fundadores remetem para a violência fundadora. O mito vem a ser a explicação dada pelos linchadores sobre o que aconteceu com a culpabilidade da vítima. Daí que seja preciso ler os mitos e a explicação da violência ao contário.

A religião, o sagrado, aparecem a Girard — com um claro fundo durkheimiano — como necessários para a sociedade (1983: 224-225). O sagrado, assim visto, aparece como um esforço imenso para manter a paz social. Trata-se de uma primeira racionalização e tentativa de dissolução do mecanismo mimético. Um colossal engano da cultura.

6.2.3. *A grande ruptura histórica: por uma cultura não sacrificial*

A meta dos mitos e também da filosofia clássica é ocultar a violência fundadora; a da Bíblia, desvelá-la. Cada vez mais, Girard estaria disposto a aceitar que esta ruptura do mecanismo vitimário também percorre a revelação de outras grandes religiões do "tempo axial", não só as abraâmicas, mas também as orientais, embora acentue a relevância e claridade paradigmáticas que a figura de Jesus Cristo apresenta. É esta a mensagem fundamental de Girard.

Na Bíblia, avança-se para o desvelamento do mecanismo vitimatório, desde Abel, Abraão, José, Job (1989; 1996: 40s)... Mas o clímax encontra-se no Novo Testamento, em Jesus de Nazaré. Aqui já não se pergunta como no mito: "Quem é o culpado?", mas: "Quem é a verdadeira vítima?" Há todo um processo de dessacralização do sistema que dá lugar ao culto, ao rito, ao mito, ao Templo, ao sistema religioso oficial. Onde o pobre, o excluído, o marginalizado, a vítima não têm lugar, está-se a sacralizar a violência fundadora, anda-se à procura de vítimas propiciatórias.

Estruturalmente, os Evangelhos assemelham-se a um mito: há crise, assassinato colectivo, revelação religiosa. Mas põe-se a claro a inocência da vítima e o mecanismo de morte da sacralização. Cristo não funciona como bode expiatório, mas como vítima que desvela o mecanismo expiatório, o sistema sacrificial (1996: 47 s). Isso não impede que na Igreja se tenha feito durante séculos uma leitura sacrificial, ocultadora, da Paixão de Cristo. Não é fácil desembaraçar-se do princípio sacrificial.

A solução para a rivalidade mimética também está do lado do Evangelho. Há que romper o círculo ou a escalada mimética, fazendo o contrário: oferecer a outra face, dar-se ao outro, imitar o gesto de entrega de Cristo (1996: 59). Dito de outro modo: é preciso denunciar que toda a cultura está dominada pela acusação mítica, que procura culpados e faz vítimas.

6.3. O fundo mítico de toda a cultura (G. Durand)

G. Durand apresenta uma perspectiva que bem poderíamos considerar a de uma sociologia cultural de "longue durée" (1996: 75). Observa os fenómenos socio-culturais, não nos seus movimentos de superfície — que seria a visão que as sondagens, inquéritos, etc., fornecem —, mas a partir das correntes culturais, os *trends*, que marcam o dinamismo profundo que percorre a cultura moderna. E a partir desta perspectiva encontra-se com "a perenidade do mito" e a necessidade de uma arquetipologia ou mitodologia (1996: 76).

6.3.1. A noção de "aquífero semântico"

Durand parte metodologicamente de uma análise das tendências actuais, mas segue o seu curso contra a corrente das águas, para mostrar como têm as suas fontes em grandes concentrações de água que alimentam esta nossa modernidade. Não se trata da busca de um causalismo impossível, mas de dar conta das estruturas do nosso presente. Claro que, por fim, damo-nos conta de que o nosso depósito ou aquífero não é mais do que uma anotação sobre o que Thomas Mann denominará "o insondável oceano mítico primordial".

Talvez se devesse inserir o nosso século e meio último no vasto mar "fáustico", joaquimita (Joaquim de Fiore) (1996: 87; De Lubac, 1979-1980; R. May, 1992: 201s), que percorre os sete últimos séculos da história do Ocidente. Esta era da mudança e do espírito que leva à transformação radical e oferece uma perspectiva nova, progressista, revoluconária do futuro, está-se a eclipsar diante dos nossos olhos: vivemos momentos de "encerramento de horizontes", de não visão de alternativas. É tempo de "ricorsi", como diria Vico, de "retornos", quando não de pretensos encerramentos ou do fim da história.

Para lá da tonalidade do momento, o conceito de lago ou aquífero semântico é dado pela descoberta da proximidade entre o gótico e a revivescência contínua deste estilo e sensibilidade gótico-franciscana, naturalista, em diversos momentos da história europeia ocidental — não só o romantismo —, que quer ver-se em harmonia com a natureza e as paixões da alma. Indiquemos resumidamente os traços da visão e da análise de Durand.

O início situa-se com o franciscanismo, contemporâneo do tempo das catedrais, nos finais do século XII. Trata-se de uma correcção à ascese cisterciense e da abertura à natureza, ao mundo, da nova vida burguesa das cidades nascentes, do predomínio da *imagem* na decoração, da nova pintura com Cimabue e Giotto ou, no norte, os irmãos Limbourg e Van Eyck. A natureza e a forma são uma graça permanente. A filosofia franciscana, com o seu platonismo de fundo, a exemplaridade de São Boaventura e o vestígio de toda a criatura frente ao Criador, um joaquimismo como impulsionador (1996: 102s), o nominalismo occamista, desembocam no oceano do Renascimento. Alcançamos assim um longo momento de ocultamento-aparecimento do naturalismo gótico, de decadência, mas não de desaparecimento (1996: 122). É substituído pelo mito diurno, solar, conceptual e funcional dominador do racionalismo e das Luzes.

Um segundo momento forte de revivescência encontra-se por alturas de 1750. O chamado movimento pré-romântico — contra a sensibilidade iluminista herdeira da época clássica —, que encontra no pensamento de Rousseau a sua expressão exemplar e se vai manifestar mais na música do que na arquitectura — presa do neoclassicismo —, conduz à explosão romântica. Trata-se de uma intensa efervescência religiosa, filosófica e estética, de tonalidade germânica com grandes génios, que é percorrida pelo mito da "Naturphilosophie", da "Terceira Idade" joaquimita do Espírito Santo ou paracletismo romântico. Talvez Goethe possa ser a personagem emblemática deste momento mítico fáustico — Fausto/Mefistófeles, símbolo da ambiguidade constitutiva da alma — que encontra o seu encerramento nos finais do século XIX em Wagner.

Posteriormente, podemos seguir riachos simbolistas, surrealistas nas vanguardas de antes dos anos vinte do século XX e, de novo, um enorme predomínio cientificista e funcionalista até aos nossos dias, entrecruzando-se com a chegada de novos riachos que engrossam crescentemente o tema do imaginário com a psicanálise, o neo-surrealismo, ecologismo, etc. Durand entrevê outro renascimento do mito-simbólico ou do imaginal na nossa cultura predominantemente conceptualista, funcionalista e da trivialidade icónica dos *mass media*.

Durand estabelece uma metodologia sócio-histórico-cultural que nos situa em períodos de análise de 140/180 anos com seis fases que podem ter três pulsações ou ressacas de 50 a 60 anos. Mas não são estes aspectos metodológicos o que neste momento nos interessa. Importa-nos captar a presença do mítico na própria estrutura social e nos seus movimentos sócio-culturais.

6.3.2. O dinamismo do mito na sociedade

Com o fim de visualizar como G. Durand entende a presença do mito na sociedade e na cultura, devemos deitar um olhar à sua concepção da dimensão sócio-cultural em três estratos ou "níveis metafóricos da tópica social" (1996: 143s; Ortiz Osés/Lanceros, 1997: 160s).

No primeiro nível, encontra-se o *fundamento arquetípico*. Ocupa o substrato mais baixo, e podem enconcontrar-se muitas homologias com o expresso por muitos outros autores como inconsciente colectivo (Jung), "Urgrund" quase imóvel (Braudel), "inconsciente colectivo específico" (Durand), que só foi detectado na sua abstracção pelos linguistas e pelos estruturalistas que falam do "sempre traduzível" do mito (C. Lévi-Strauss), dos "universais da linguagem" (Mounin e Mauro) ou da "base generativa" (N. Chomsky); aparece também nos "Urbilder" de G. Dumézil, pobres em representações figuradas mas muito ricas em coerências estruturais-funcionais; forma o politeísmo básico dos valores plurais a que faz referência M. Weber, etc.

O segundo nível *actancial dos papéis* é o nível do "eu social", do jogo social. É a personificação e teatralização das substantivações do nível fundador. Aqui aparece o jogo de relações e oposições, alianças e rupturas, estratificações e classes. É o mundo das constelações de papéis analisado por Greimas, Souriau, Durand, e, em geral, pela sociologia dos papéis. Encontramo-nos no teatro social de papéis diversificados e antagonismos que alguns, como Durand, quiseram esquematizar em sete entidades actanciais. Trata-se de um jogo em que determinados papéis aparecem mais no primeiro plano e outros tendem a ser reprimidos ou excluídos. E precisamente nestes papéis rejeitados está latente com mais clareza a potência ou os recursos míticos, que desencadeiam por vezes movimentos sociais novos ou intentos utópicos como Maio de 68, mas também aberrações mortíferas, como o nazismo de Wotan/Hitler (1998: 65).

O terceiro nível é o dos *empreendimentos racionais ou lógicos*. No fundo, é a tentativa de submeter à lógica o *sermo mythicus*. Neste momento, o mito torna-se utopia racionalizada, método ou episteme codificada em ciência, direito ou teoria política. São processos que podem durar, na opinião de Durand, como vimos, vários séculos. É o "super-eu" dos códigos, das jurisdições, das ideologias, das regras pedagógicas, dos planos, programas, etc. A este nível, o mito positiviza-se, isto é, corre o risco de logicizar-se e, por fim, coisificar-se.

O que evita essa rigidez coisificadora é o reprimido, excluído ou esquecido: as classes ou grupos sociais marginalizados que sempre recorrerão à mobilização dos mitos latentes contra o poder constituído ou a ideologia dominante. Dito por outras palavras: é preciso ver estes três níveis circundados ou atravessados por um dinamismo que vai de baixo para cima e de cima para baixo, actualizando continuamente em cada momento — e mais em cada *kairós* ou momento propício — o impulso mítico. Deste modo, Durand (Ortiz Osés/Lanceros, 1997: 162) capta um movimento secreto dos fundos míticos da sociedade-cultura que se actualizam e personificam em papéis e se desmitologizam em racionalizações, para reiniciar de novo a desmitologização ou remitologização num novo processo com as suas repressões e actualizações, etc. O laço unificador é o mito.

O esquema de Durand, além de oferecer quadros para uma mitologia, ensina-nos a ver o mito nos interstícios do social. O mito percorre e impregna a sociedade inteira. Dificilmente se pode entender todo o ritual da nossa sociedade que induz comportamentos e orientações, atitudes de respeito e veneração, sem a latência do mito. Como faz notar agudamente J. Campbell, em que é que se baseia o respeito pelos tribunais, pelo rei, pela constituição, etc., se não existir um apelo a uma representação que é em última análise uma encarnação de um papel mitológico? (1991: 40s).

6.4. As raízes mitológicas da cultura cristã ocidental (F. Borkenau)

F. Borkenau (1971; 1937; 1981), historiador e filósofo pertencente ao círculo externo da Escola de Frankfurt, estudioso do comunismo europeu, de que durante algum tempo também foi militante, e das origens da cultura ocidental, oferece um exemplo magnífico de como a mitologia está nas raízes da reconfiguração da civilização cristã do Ocidente.

Para este autor, a peculiaridade da civilização cristã ocidental surge do choque entre o mundo romano e o mundo "bárbaro" germânico. Borkenau defende a tese de que as civilizações que sofrem um colapso deste tipo têm maiores possibilidades de ressurgimento criativo que aquelas que, como Bizâncio, morrem antes por esgotamento.

Que contributo traz esta "idade bárbara" à civilização cristã ocidental? (1981: 14s e cap. 11).

O contributo germânico introduz uma sensibilidade mítica, a do herói que morre tragicamente, que fecunda a civilização cristã. O interlúdio da "idade bárbara" permite ao cristianismo assumir uma série de características da cultura das tribos gemânicas. Um destes traços é o individualismo: a consciência de distância e solidão frente a outros indivíduos. Este traço reflecte-se inclusivamente na linguagem. O famoso "eu" falante (*I-saying habit*) que parece estender-se desde a Escandinávia até à Germânia e que encontra no mundo britânico o seu ponto álgido viria testemunhar este sentido agudo da individualidade que vai ser um dos traços específicos da cultura ocidental.

Este sentido individual, solitário e enormemente preocupado com o tema da morte e do juízo, da responsabilidade e do destino pessoal, mergulha as suas raízes num fundo mítico. A mitologia germânica, segundo Borkenau, aparesenta como característica o mito do herói que salva o seu povo e, posteriormente, não é aceite por ele, para terminar tragicamente morto às mãos dos seus próprios familiares. Borkenau segue o desenvolvimento deste mito desde o "Canto dos Nibelungos" ("Niebelungenlied"), a sua manifestação no herói Armínio, que resiste aos romanos, até às suas formas mais arcaicas, que reflectiriam o "arquétipo" do deus Balder da religião wânica — um deus que morre, único no mundo pagão. O mundo germânico introduz este fundo mítico no cristianismo.

PARTE II – AS DIMENSÕES DO MITO

Borkenau pensa que o modo como esta sensibilidade individualista se transmite à corrente cultural ocidental se compreende através da figura teológico-religiosa, historicamente obscura, de Pelágio. Este celta, possivelmente irlandês, vai exercer uma poderosa influência na igreja irlandesa e, através dos monges irlandeses, no continente europeu. Especialmente a segunda missão, a de São Bonifácio, vai estender-se a toda a Europa.

Pelágio representa um modo de compreender o cristianismo que põe o acento no esforço e na capacidade pessoal para, através da ascese, alcançar uma perfeição moral. No outro extremo da concepção teológica ocidental estaria Santo Agostinho, com a sua insistência no pecado original e na necessidade da graça. De facto, estas duas concepções enfrentaram-se, tendo terminado com a desqualificação conciliar de Pelágio. Um cristianismo como o irlandês, criado à volta dos mosteiros e dos monges, vai ser muito sensível a esta influência. E vai passar ao continente, primeiro através da missão de São Columbano, que tem um êxito efémero entre os merovíngios e, mais tarde, através da actividade missionária de São Bonifácio, que consegue deixar uma forte marca no cristianismo medieval europeu do século VIII. Borkenau dá muita importância à mediação teológica do abade Pascásio Radberto, que, por volta de 831, expande a doutrina da "transubstanciação", referente à presença real de Cristo na Eucaristia. Significou que, entre Pelágio e Santo Agostinho, entre as posições teológicas de ambos, se chega a um solução intermédia: o homem é capaz de perfeição moral, mediante o seu esforço e ajudado pelo sacramento. Borkenau faz uma leitura cultural desta história mítico--religioso-teológica: quer dizer que se alcança no Ocidente algo típico da sua atitude cultural e antropológica. Estamos perante um tipo de homem individualista que põe a ênfase no seu esforço, embora seja sustentado pela graça. No fundo, fica um rasto de solidão, enfrentamento com o destino e luta pela própria perfeição.

6.5. O amor no Ocidente: a invasão do erotismo no século XX (Denis de Rougemont)

O mito ajuda-nos a compreender aspectos peculiares e profundos de uma civilização como a cristã-europeia. É esta pelo menos a convicção que os trabalhos do sociólogo e historiador suíço Denis de Rougemont transmitem (1979; 1999). Este autor está convencido de que "toda a ideia do homem é uma ideia do amor" (1999: 7). E o amor transita, numa ida e volta contínua, do religioso para o erótico. É este pelo menos um dos segredos decisivos da psique ocidental.

Denis de Rougemont depara com o facto de a civilização cristã europeia apresentar uma característica apelativa: é o único lugar "onde a moral religiosa e o erotismo chegaram a esse estatuto de permanente conflito, de desdém recíproco, de rigorosa exclusão mútua" (1999: 12). Porque é que se chegou a este conflito cultural, se o Jesus dos Evangelhos está longe de apresentar uma intransigência puritana, se se apresenta como perdoador das debilidades da carne? Que aconteceu para que Paulo se mostre excluindo os impudicos que não entrarão no Reino dos céus, quando isto era dito por Jesus em relação aos ricos?

O esclarecimento desta peculiaridade tem que partir do cristianismo como "religião do Amor total". Trata-se da luta e do confronto cristão com a Gnose que vão levar a pôr o acento num mau paulinismo, que equipara o sexual à "carne", isto é, ao homem na sua realidade natural e queda. É preciso, além disso, perceber a subsunção que os diversos aspectos do amor (eros, agapê, filia...) têm no vocábulo "amor", uma palavra que engloba e oculta os matizes de amizade, ternura, desejo, paixão, compaixão, caridade... Acrescentemos a exaltação deste amor (sob a imagem do amor divino), que se vai contrapondo ao amor humano. A consequência é a repressão ou esquecimento da dimensão erótica do amor.

O século XII assinala na Europa a descoberta através do "roman" e dos trovadores, de uma série de símbolos e mitos amorosos, eróticos. Os trovadores e a invenção do desejo sublimado continuam com São Bernardo e a mística do amor, Eloísa e a paixão vivida, Tristão e a paixão sonhada, o culto da Dama e o culto da Virgem, as heresias gnósticas reavivadas.... — "em síntese, o lirismo, o erotismo e a mística desenfreados em toda a Europa, e falando uma mesma língua nova, renovando de repente, por séculos e séculos, a música e a poesia, a novela, a piedade e os costumes" (1999: 32). Denis de Rougemont gosta de repetir que "o erotismo acede à consciência ocidental no século XII" (1999: 18). Isto é o mesmo que dizer que o erotismo encontra a sua linguagem expressiva que não é outra senão a mítico-simbólica. Mas não esqueçamos que esta "linguagem da alma" que é o mito (1999: 20, 31s) vai ter de enfrentar-se com a contraposição de fundo que arrasta. Daí que assistamos no Ocidente ao ataque do Espírito para apresentar o sensual puro (Kierkegaard, Tristão) frente à paixão pura, tal como a transfigura o impulso místico (Wagner, Don Juan).

No fundo, prosseguimos de algum modo o que Rougemont denomina o enfrentamento entre "a Gnose ardente e a Sabedoria moderadora da Igreja" (1999: 30). Um confronto que enche de tensão moral as consciências e de tensão cultural a civilização ocidental. Sem ela não é compreensível o puritanismo, a repressão sexual, o "problema do erotismo", mas também não seria compreensível o trabalho, o esforço organizado nem a técnica que forjou o mundo actual, as revoluções nem os delírios colectivos. (1999: 46). A visão de Rougemont procura ser objectiva e não "moralizante", tanto no que se refere às angústias que produz nos indivíduos como no impacto sócio-cultural.

E existe uma pretensão nunca esquecida em Denis: a de mostrar as raízes deste fenómeno. É uma metodologia que inverte a de Freud: se este buscava no religioso a repressão do sexual, Denis de Rougemont rastreia nas manifestações eróticas a presença latente do religioso, espiritual. Não há erotismo sem uma espiritualidade de fundo. A busca do erotismo mais desenfreado e pervertido denuncia uma sede espiritual, "um levantamento da alma" (1999: 33).

Segundo esta hipótese feita método, o que é que a invasão do erotismo no século XX estaria a indicar?

Para Denis de Rougemont, por trás da tolerância do erotismo e da pornografia no século XX, por trás da pederastia de Proust, do incesto em Musil, da luxúria de Miller, etc., assistimos a um problema espiritual. A crise espiritual do nosso tempo chama-se "repressão espiritual" (1999: 29). O que se oculta ou procura exprimir em formas provocadoras, escandalosas, é algo que pugna por aceder à consciência e faz notar os movimentos subterrâneos da alma. No fundo, prosseguimos o confronto cravado nas entranhas do Ocidente entre amor divino "puro" e amor humano "baixo", com a noção de homem que pressupõe; está latente o Eterno feminino, o amor sexual ou passional e místico. E exprimem-no os símbolos e mitos — é "jogo da alma" —, através de Tristão, Fausto, Hamlet, Don Juan, com as suas correspondências filosóficas e literárias. Hoje, estes desejos e angústias, anelos e esperanças, introduzem-se com quantidades ingentes de "lodo" (1999: 31) nos meios de comunicação de massas. Será preciso deitar fora muito "lodo" antes de a alma chegar a poder manifestar o que realmente quer e deseja. Denis vê as "forças anímicas em plena ofensiva no século XX. As suas primeiras manifestações são naturalmene anárquicas, neuróticas ou patológicas: a camada profunda projecta, primeiro, lodos".

Denis de Rougemont augura não uma solução para o problema, mas sim um pouco mais de compreeensão de nós mesmos e talvez de liberdade.

6.6. Modernidade e mito

Com os cinco autores resumidamente apresentados, estamos já em condições de perceber como, a partir de diferentes perspectivas, se coloca a presença inerradicável do mito na sociedade e na cultura e o contributo do mito para o diagnóstico sócio-cultural. Ambos os aspectos estão estreitamente ligados: se o mito assenta nas raízes do social e alimenta os seus movimentos mais fundos e subterrâneos, não é de estranhar que seja devedor das manifestações e carências que se agitam no nível da superfície social.

Queremos insistir neste último ponto: o contributo da análise do mito para o diagnóstico sócio-cultural. Mais uma vez, procederemos a título de exemplo e traremos à colação alguns dos diagnósticos sobre a crise da modernidade que remetem para o mito. Trata-se de um modo, indirecto, de mostrar a persistência do mito na nossa cultura e sociedade.

6.6.1. *A mitificação da ciência ou a "dialéctica do Iluminismo"*

O conceito de "mito" foi usado no diagnóstico social pela primeira geração da Escola de Frankfurt. Horkheimer e Adorno, considerando a barbárie nazi, estabeleceram uma famosa e discutida tese sobre a modernidade. Para estes críticos sociais, o processo do Iluminismo estava num estádio de autodestruição (1994: 54). Isto explicava que a humanidade "se afundasse num novo género de barbárie" (1994: 51).

Quando procuraram encontrar as raízes desta degeneração, em ordem a dar uma resposta, voltaram-se para o mito. O que tinha acontecido era uma infecção da razão que reduzia a racionalidade — a pretensa razão ilustrada que quis apresentar-se desde Kant como a razão verdadeira e autêntica, não acanhada nem anã — a mera racionalidade funcional, científico-técnica. Tratava-se de um reducionismo que ameaçava converter tudo em simples meio, numa espécie de bebedeira do domínio instrumental do mundo. No fim, tudo, mesmo a pessoa, os seres humanos, ficavam reduzidos a meios para conseguir algum objectivo já proposto. Não era de estranhar que a loucura nazi não visse nos traços humanos uma pessoa e reduzisse o ser humano a coisa. A razão reduzida, instrumental, era uma razão que não conhecia a compaixão (1994: 274-275; 1973: 114), era "incapaz de sentir pena", só conhecia a capacidade administrativa na sociedade e a submissão generalizada.

Horkheimer e Adorno sintetizaram o acontecido como um processo de mitificação: a razão, lógico-experimental, instrumental, avançava ao longo do tempo desmitologizando e liquidando superstições, mas tinha incorrido numa automitificação. De modo que "o mito já é iluminismo; o iluminismo recai em mitologia" (1994: 56; Horkheimer, 1973: 184s).

Damo-nos conta de que "mito" tem aqui uma conotação dialéctica muito especial: de iluminação e de encobrimento de uma realidade e até da sua tergiversação, fazendo-nos crer que é verdadeira. Esta segunda concepção de "mito" está muito próxima da de ideologia. Proporciona sentido, mas vela e distorce a realidade. Como estamos a ver, é uma concepção restrita de mito, embora não devamos esquecer que algumas das funções sociais, perigosas, do mito sejam deste cariz. Esta concepção apresenta afinidades, por outro lado, com a de R. Girard, no sentido de que faz notar no mito o relato legitimador/encobridor de um mecanismo vitimatório. O que em Girard fica enunciado como mecanismo ou espiral social, relativamente abstracta, adquire em Horkheimer e Adorno a concreção de uma análise da autodestruição da racionalidade iluminista (Mardones, 1998: 241-249). O mito está presente e actua na sociedade moderna.

6.6.2. Mito e ideologia no século XX

Quando olhamos para o século XX no seu conjunto, é difícil fugir à impressão de que esteve profundamente habitado pelo mito: ele percorreu os sonhos, as fantasias, as nostalgias e as esperanças dos homens deste século, pródigo em mobilizações generosas e em duas guerras de religião secular (Hobsbawn).

M. Eliade lembrou-nos, com alguma insistência (1961: 200; 1991: 11s), como aspectos dos mitos da origem e do fim, protológicos e escatológicos, alimentaram as grandes ideologias que percorreram tragicamente o século que deixámos para trás. Este facto ajuda-nos a tomar consciência da persistência do mito e da sua presença no mundo moderno. Ensina-nos que quando uma sociedade e uma cultura estão em crise e a procurar voltar às fontes criadoras, se encontram em busca ou recriação de um novo mito.

Assim, o marxismo *comunista* está atravessado pela estrutura mítica. M. Eliade lembrou que prolonga "um dos grandes mitos escatológicos do mundo asiático-mediterrânico: o papel redentor do Justo (o "eleito", o "ungido", o "inocente", o "mensageiro", dos nossos dias, o proletariado), cujos sofrimentos foram chamados a reformar o estatuto ontológico do mundo" (1961: 202). Actualiza, além disso, vários mitos: o da Idade de Ouro, do começo e do fim da História, a luta apocalíptica entre o Bem e Mal, o Cristo e o Anticristo, o Proletariado e o Capitalismo, e proclama o fim absoluto da História, a nova era socialista, assumindo assim a promessa escatológica judeo-cristã.

O *nacional-socialismo* volta-se antes, como todos os nacionalismos, para as origens: está fascinado pela magia e pelo prestígio da Origem nobre. O nazismo cria assim o mito racista dos "arianos". Este é o "antepassado primordial" e o "herói" nobre revestido de todas as virtudes, especialmente da pureza racial, da moral heróica, inclusive trágica, da força física, que acompanharam os começos gloriosos e criadores. No fundo, segundo M. Eliade (1961: 202; 1991: 10), está latente a mitologia germânica que quer abolir os valores judeo-cristãos decadentes e instaurar as fontes espirituais da "raça". Trata-se de um mito pessimista, como indicaram os jungianos: que conuz ao *eschaton* ou final da destruição do mundo (o antigo *ragnarök* germânico), de cujas cinzas ressurgirá um novo mundo.

O próprio *capitalismo* neoliberal também estaria possuído pelo mito da realização da felicidade mediante a promessa de uma sociedade da opulência e do consumo. É uma escatologia celeste do ter e possuir, que, de facto, leva mediante a exaltação do mercado a um "mecanismo vitimatório" que produz milhões de vítimas e excluídos sociais, que são sacrificados aos Moloch da *cupiditas*. Também aqui estão latentes outros comportamentos míticos, como a obsessão pelo êxito, a competitividade, que traduzem o desejo obscuro de transcender os limites da condição humana, ou os rituais actuais de pompa e luxo da sociedade de consumo, que parecem prometer uma nova forma de salvação através do ter.

6.7. Reflexões finais

Este percurso por diversos autores e temas permitiu-nos tomar consciência da importância do mito no comportamento social humano. A modo de reflexão final ou conclusiva, quereríamos explicitar para o leitor as ideias que entreteceram este capítulo e que nos parece podemos sustentar com bastante plausibilidade.

6.7.1. *A inerradicabilidade do mito*

Expusemos, a partir de vários autores, exemplos diversos da presença do mito na sociedade moderna. O mito não é só uma questão das sociedades arcaicas. Vivemos habitados pelo mito. A sua presença já não é tão visível como nos relatos mitológicos, mas não deixa de ser menos real. Habita, com outras roupagens, as ideologias do nosso tempo. Percorre os anseios, nostalgais, temores e esperanças dos homens de hoje. No fundo obscuro dos nossos sonhos colectivos e pessoais, estão mitos de ontem que revestem formas, criativas e destrutivas, dos deuses e monstros antigos. Talvez tenhamos que dizer, com G. Durand, que, no fundo da realidade sócio-cultural – chamemos-lhe ou não "inconsciente colectivo específico" ou de outro modo —, existe uma espécie de reservatório de impulsos e imagens que adopta formas sociais e culturais novas de acordo com as vicissitudes históricas.

Dizer cultura equivale a dizer iniciação, oferecer modelos de comportamento, quadros de acção e significado da vida; dizer cultura é dizer explicação e co-implicação de sentido. Nada disso parece possível sem recorrer a modelos e arquétipos que transportam consigo uma mitologia mais ou menos explícita. Não se deve, portanto, pôr a questão de viver sem mito, mas sim a de desvelar ou perguntar de que mito vive esta sociedade, colectividade e até pessoa. Deste ponto de vista, não há retorno do mito — o mito não regressa, simplesmente porque nunca foi embora. Está aí sempre presente.

6.7.2. *Mito e diagnóstico sócio-cultural*

A presença inevitável do mito leva-nos quase directamente ao seu desvelamento como lugar de dilucidação da crise da sociedade. Descobrir o mito dominante na nossa sociedade leva-nos — apesar das suas grandes diferenças, era esta a estratégia de E. Neumann e a de G. Durand, como a de Horkheimer e Adorno — a poder diagnosticar o mal do nosso tempo e até a situar o tumor social. O mito transforma-se num lugar privilegiado de observação de alguns dos seus traços típicos (Borkenau), da saúde sócio-cultural de uma sociedade e civilização. Descobrir a doença equivale a desvelar o mito ou mitos desta sociedade. Tarefa árdua — sabemo-lo — e não isenta de desvarios e equívocos, mas também terra cheia de promessas e caminho a percorrer pelos espíritos atrevidos.

E será preciso dizer sem rebuços que, quando nos encontramos frente a uma crise social e cultural, é com a perda de criatividade ou má integração do mito que nos encontramos.

6.7.3. *O duplo conceito de mito utilizado*

Pudemos dar-nos conta de que o conceito de mito — algo que vimos constatando desde o primeiro instante, apesar do esforço por sustentar uma concepção consistente — não é utilizado da mesma maneira por todos os autores. Para uns, os que provêm da influência junguiana, Neumann e Durand por exemplo, o mito possui potencialidades positivas inegáveis. Rodeia-o a ambiguidade e pode ser usado de modo unilateral e produzir consequências perversas, mas há como que uma confiança de base em que a psique humana possui a intuição capaz de conduzi-lo à integração.

No outro lado, encontram-se aqueles autores ainda com rastos de uma concepção do século XIX, negativa, que retêm do mito a concepção do oposto à "realidade". Neste campo alinham R. Girard e o segundo sentido ou momento de "mito" na Escola de Frankfurt. Olham para o mito como mecanismo encobridor e dissimulador, com a suspeita de realizar funções legitimadoras de ocultação e tergiversação da realidade. Daí que o mito, embora talvez inextirpável, pertença nesta corrente às tarefas por desvelar e desmascarar. No fundo, contempla-se ou querer-se-ia um ideal de sociedade e cultura sem mito, isto é, da quase total transparência racional. Esta concepção tem a vantagem de chamar-nos a atenção para as funções veladoras e ideológicas do mito. Mas talvez não seja totalmente consciente de que os desvelamentos e críticas ideológicas se efectuam sempre, inevitavelmente, a partir de outra situação com fundo mítico.

6.7.4. Desmitologização e remitologização

Se estivermos no bom caminho, então deveríamos concluir que os processos de "desmitologização" social, por mais necessários que sejam, na medida em que põem a descoberto aspectos míticos indesejáveis, produzem, ao mesmo tempo, uma "remitologização" de outro sinal. Quer dizer, não escapamos ao horizonte do mito.

A questão que se coloca é antes esta: qual é a boa ou má "desmitologização" ou "remitologização"? Os exemplos históricos assinalados chamam a atenção para as graves consequências destes processos sociais, mais ou menos inconscientes. Tem razão A. Ortíz Osés (1996: 128), quando, contra certas afirmações fáceis do fim dos mitos protectores, escreve: "Mas todos os mitos são em princípio protectores: protejamo-nos da excessiva protecção do mito e da insuficiente protecção do antimito. Precisamos então de uma *mitologia mediadora*: múltiplas mitologias mediadoras frente ao extremismo irracionalista ou racionalista. Trata-se de uma mitoliga-cúmplice do homem no mundo que o proteja do próprio mundo do homem, isto é, que dê conta e relação da imanência, mas que a transcenda simbolicamente".

Talvez tenhamos descoberto, com R. Girard e M. Horkheimer, com Adorno, um critério para julgar este processo social de mitologizações e desmitologizações: olhar para o lado das vítimas inocentes. Quer dizer, se uma remitologização ou desmitologização leva à insensibilidade social em relação às vítimas, se cega e não permite a compaixão nem a pena, estamos perante um "mecanismo vitimatório". A simples existência de um número ingente de cadáveres e marginalizados ou excluídos sociais denuncia a inumanidade de um processo mitologizador. Se, pelo contrário, impele para o lado não sacrificial, se desvela esses mecanismos expiatórios e denuncia a inocência das vítimas, encontramo-nos perante um mito humanizador.

6.7.5. O sentido da vida

A cultura é a face com sentido da sociedade. Através da cultura alcançamos alguma resposta para a necessidade de sentido, colectivo e individual, do ser humano. Mas a questão do sentido aparece como muito complexa: ligada à tradição ou memória cultural herdada, que há-de ser actualizada ou recriada na sua autoridade normativa; referida ao próprio indivíduo, que há-de assumir a partir de si a oferta de sentido que recebe; integrada numa espécie de totalidade de sentido onde se encontram o consciente e o inconsciente, o colectivo e o pessoal e até um certo saber último da realidade. Que tipo de racionalidade ou de "mediador" é capaz de entretecer estes fios díspares? Como conseguir esta síntese?

Já estamos a ver que não se obtém através da lógica linear e analítica. É necessária uma lógica co-implicativa que una e ordene as diferentes realidades, mesmo contraditórias, através de uma linguagem simbólica ou dramática numa grande implicação relacional. Ora, precisamente a esta trama, que frequentemente adopta a forma de relato, é que chamamos mito. Não é de estranhar que, para C. Geertz (1990), a cultura venha preencher o espaço vazio e intermédio entre o corpo (natural) do animal humano e o ser aberto à sua realização plena ou sentido. É uma tarefa interminável, uma tarefa da razão simbólica. Escritores como E. Sábato (1999: 136) pressentem-no. Diz o argentino: "os graves problemas da condição humana não são aptos para a coerência, mas apenas acessíveis a essa expressão mitopoética, contraditória e paradoxal, como a nossa existência".

A cultura, como a psicologia profunda não deixa de advertir-nos, mergulha as suas raízes em tempos precedentes que deixaram o seu rasto no inconsciente colectivo e pessoal. A situação actual não se deixa explicar só pelos movimentos de superfície; é preciso ter em conta a história cultural (Borkenau) e a da psique.

E, chegados aqui, compreendemos melhor a indicação de E. Cassirer de efectuar uma crítica do pensamento mítico através de uma filosofia da cultura. A crítica da razão transforma-se assim em crítica da cultura (Kaegi, 1994: 168). O caminho para compreender o mito e a sua racionalidade seria desvelar a sua posição dentro da cultura.

7
Mito, religião, filosofia e ciência

O mito é uma das primeiras formas simbólicas que introduzem ordem e racionalidade na realidade. Deste ponto de vista, o mito pertence à reflexão ou, se se preferir, ao Iluminismo. Mas vemos permanentemente que o logos filosófico e científico toma as suas distâncias frente ao mito ou pretende expurgá-lo das suas páginas e situá-lo do lado da religião. Nem sequer esta, na medida em que conheceu os avisos do pensamento crítico, se sente bem na companhia do mito.

Vamos abordar, em referência ao mito, as relações existentes entre estes quatro termos e realidades. Procuraremos perceber afinidades e diferenças, distâncias e concomitâncias. A pretensão, considerando o objectivo do nosso estudo e o que vimos dizendo, é esclarecer sempre um pouco mais o espaço do mito e indagar mais profundamente a sua natureza. Mostrar a presença e a justificação da racionalidade simbólica.

7.1. O mito já é Iluminismo

Esta frase encontra-se no prólogo originário da *Dialéctica do Iluminismo*, de Horkheimer e Adorno. Para estes autores, a luta em prol da superação da obscuridade e da superstição tem o seu início com o mito. No mito já há algo dessa busca da verdade, do sentido e da iluminação da realidade, que estes autores julgam ser a raiz do processo iluminista (1994: 54). Contra a mera imposição da realidade o mito avança com um processo de raciocínio e explicação. E tem início a pugna emancipatória do ser humano por ser ele mesmo e superar o medo. Embora, na opinião destes autores, esta busca de iluminação do mito esteja atravessada por ambiguidades: o próprio Iluminismo cai no mito. O mito rodeia-se frequentemente de uma falsa claridade. O mito "foi sempre obscuro e evidente ao mesmo tempo e desde sempre se distinguiu pela sua familiaridade e por eximir-se ao trabalho do conceito" (1994: 54). Apela a um domínio mágico da natureza que só pode ser aparência (1994: 102-103). Na opinião de Adorno, o presumível autor do excursus "Ulisses, ou mito e iluminismo", esta é a essência do mito. Daí que o mito esteja sempre a ocultar o domínio e a exploração (1994: 99, 127s); oferece uma reconciliação que é falsa e termina mascarando o horror.

Estamos a ver, nesta breve mas contundente caracterização do mito como iluminismo e do Iluminismo como mito, ou, como gostam de dizer Horkheimer e Adorno, da "dialéctica de mito e iluminismo", onde estão e onde terminam as semelhanças entre pensamento mítico e iluminista: numa tentativa de iluminar a realidade com o fim de obter a emancipação do ser humano. Trata-se de uma tentativa inicial, ainda que falaz, no mito; de trabalho conceptual e desvelador de violência e misérias, não isento de mitificações, isto é, de falsas reconciliações, no pensamento iluminista.

Nada tem de estranho que Horkheimer e Adorno citem Novalis e caracterizem a filosofia como nostalgia (1994: 127): a filosofia anseia pela pátria, o paraíso perdido, o momento de reconciliação — que os mitos situam num Éden ou num Futuro —, só que esta reconciliação não se consegue de repente, mas mercê de uma penosa marcha histórica em busca de si mesmo (subjectividade, liberdade) e de uma auto-reflexão crítica e vigilante que não permita recair na falácia de realizações sociais e económicas (domínio da natureza, produtivismo consumista) que são unilaterais e por fim desumanizadores.

A filosofia coincide com o mito na procura da reconciliação no meio da existência fracturada, mas difere dele porque não quer ficar na mentira da mera aparência. É esta a única relação e nostalgia que unem mito e filosofia?

Lancemos um olhar pelas origens do pensamento filosófico para ir dilucidando esta questão.

7.2. As origens do pensamento ocidental

O pensamento filosófico surge no mundo grego. Tem inclusivamente um século que marca a data do seu nascimento, o século VI antes da nossa era, e um lugar, as cidades gregas da Ásia Menor. Mas se é a escola jónica de Mileto onde se situa o nascimento do pensamento, o que se discute é se este acontece como revelação instantânea que o desvincula e autonomiza do mito ou mediante um processo lento que desdiz qualquer começo absoluto.

Já dissemos que, face à interpretação que apresentava uma espécie de descoberta reveladora do "logos", se vai impondo a concepção daqueles que vêem um vínculo estreito entre pensamento mítico, religioso e filosófico. F. M. Cornford defende a origem mítica e ritual da primeira filosofia grega (1987; Vernant, 1993: 340; Ruiz Yamuza, 1986: 18; Kirk, 1973). Na sua opinião, a física jónica não tinha nada de experimental e estava cheia de elementos míticos. Entre o filósofo Anaximandro e o poeta Hesíodo havia algo mais do que afinidades na concepção do mundo, do tempo, etc. Quer dizer, pensamento filosófico e reflexões míticas e religiosas caminham durante muito tempo juntos.

Onde é que se devem situar os elementos que permitem à filosofia ser verdadeiramente tal?

J. P. Vernant, seguindo e completando Cornford com Thomson e outros, procura justificar que a racionalização do mito sucede quando, com a cidade, triunfam na Grécia novas formas políticas (1993: 340) e económicas (com a moeda, o início de uma economia mercantil): agora já não subsiste o antigo ritual real; as questões da génese da ordem cósmica e a explicação dos "meteora" podem ser abertamente discutidos "racionalmente". Passa-se do relato (mito) para um sistema que expõe mediante razões a estrutura profunda do real. Encontramo-nos perante uma inovação mental que supõe uma capacidade de abstracção e a valorização do pensamento positivo, embora ainda muito elementar.

Deste modo, precisamos de supor também a figura de uma personagem nova distinta do adivinho-poeta-xamã: o amante da filosofia ou filósofo, uma personagem à maneira de Sócrates, capaz de levar à praça pública as discussões sobre o que antes era reservado: a justiça, o valor, a piedade, etc. Quer dizer, estamos a assistir ao nascimento do filósofo e do cidadão. Ambos aparecem conjuntamente e vão-se fazendo ao ritmo das mudanças políticas, económicas e do direito que ocorrem nos séculos VII e VI nas cidades gregas. Com eles, chega o exercício de um pensamento racional, um esforço para explicar as coisas sem referência ao sobrenatural e, logicamente, evitando a ambiguidade e a ambivalência, definindo bem os termos, ainda com escassa contrastação ou referência à experiência sensível, confiando na linguagem e tendendo a actuar mais sobre os homens do que sobre a natureza (1993: 364).

7.3. A filosofia supera o mito?

Se a filosofia supõe um "salto na existência", como dizia E. Voegelin (Underwood, 1997: 229), a passagem de uma participação inconsciente na dinâmica mítica para o desenvolvimento autoconsciente de novos símbolos para interpretar a existência pessoal, social e cósmica, então estamos sempre a lutar no pensamento com os mesmos problemas que o mito. A filosofia substitui o mito nestas funções de sentido. Mas supera-o e anula-o?

Vemo-nos permanentemente confrontados com esta questão: a filosofia supõe a superação do mito? O "logos" significa o abandono do mito? Não haverá também uma circulação positiva do "logos" para o "mythos"?

O pensamento está habitado pelo mito, mesmo onde, como é o caso da filosofia, se superou a sua forma mental ou simbólica e já não existem referências ao sobrenatural nem saltos lógicos ou relatos obscuros com significação duvidosa. No fundo do pensamento está, no entanto, latente, de modo inevitável, o mito. A título de esclarecimento, vejamos alguns exemplos tirados da própria filosofia dos nossos dias.

7.3.1. *É possível a fundamentação dos "primeiros princípios"?*

A filosofia ou, melhor, os diversos pensadores têm alguns pontos – poucos —, que podemos considerar que são os princípios-chave de cada pensador ou sistema. A partir deles constrói-se o edifício de uma teoria, de um pensamento ou sistema filosófico. Ora, onde é que se apoiam ou sustentam esses princípios?

Não queremos entrar tanto numa disputa sobre a possibilidade de um primeiro princípio inconcusso ou da queda inevitável no "trilema de Münchhausen" (Albert, 1980: 11 s; Antiseri, 1994: 24 s) quanto mostrar que no fundo de todo o pensamento se dá por assente uma série de conceitos-chave que funcionam como dados aceites, "crenças", "performativos", "superstições humanitárias" ou como queiramos denominá-los.

Vamos dar alguns exemplos. De Kant a Habermas, a dignidade da pessoa, o não poder ser utilizada como meio, pois é fim, é repetido e mantido de um modo ou outro. Mas como se prova a dignidade da pessoa humana: pela sua liberdade, que é pressuposto da sua racionalidade, ou esta por aquela?

Todas as tentativas de justificação são indirectas, através de um rodeio que sabe, em última análise, que mais do que demonstrações oferece possibilidades acerca de afirmações nucleares conhecidas ou transmitidas mais do que pela força argumentativa pela autoridade da tradição, que por sua vez é veiculada em relatos ou narrações religiosas onde — como é o caso da Bíblia — se recorre aos mitos da criação, queda, ou a concepções religiosas como a eleição, a aliança, a promessa, a história da salvação, etc., para apresentar a "dignidade" da pessoa humana, a sua liberdade, responsabilidade, emancipação, etc. J. Habermas é consciente de que "sem esta infiltração de ideias de origem genuinamente judaica e cristã na metafísica grega não teríamos podido constituir aquele complexo de conceitos especificamente modernos que convergem num conceito de razão ao mesmo tempo comunicativa e historicamente situada" (Habermas, 1994: 110). Ainda que Habermas pretenda que no estado actual muitos destes conceitos tenham alcançado já um estatuto argumentativo.

E. Levinas, o filósofo lituano-francês, cada vez mais em voga, apresenta-nos uma fenomenologia do rosto no qual se capta a obrigação para com o outro como a reacção primeira e o fundamento da ética. Mas as perguntas que nos surgem imediatamente são: que vemos ou captamos no rosto do outro para que surja a exigência ética que nos descentra de nós e nos remete para a responsabilidade frente ao outro? Diz-se-nos que se capta a infinitude que irrompe na epifania do rosto. Quer dizer, o rosto, sem deixar de ser uma instância antropológica, remete-nos para o passado imemorial do "vestígio", do "traço". De que é que se está verdadeiramente a falar? Que saber é esse que capta esse "vestígio-traço" do Outro infinito? O próprio Levinas fez-se eco destas perguntas e responde-lhes com interrogações: "quando procuro descrever o rosto pela responsabilidade que apela em mim e a que chamo eu e ao mesmo tempo ouço nessa chamada o grito do mendigo e do perseguido, isto é, escuto na mendicidade uma ordem — ao mesmo tempo de autoridade e de miséria —, que estou a fazer: cito a Bíblia? Faço fenomenologia?" (Levinas, 1998: 74; Sucasas, 1998: 135-143).

Uma vez aceite esta origem mítico-religiosa das principais ideias filosóficas, a questão latente é se hoje não há já uma forma argumentativa para justificá-las. A origem mítico-religiosa sanar-se-ia mediante a distância discursiva e argumentativa da reflexão filosófica. A resposta, dita com a rapidez de uma afirmação cujas razões é preciso apresentar em cada caso e tentativa, é que a reflexão argumentativa não alcança esse grau de fundamentação (Mardones, 1995; 1998). Permanece sempre uma carência que se supre mediante a referência ou recepção de uma tradição. No fundo, deparamos com o relato mais do que com a argumentação. Ou com a crença. J. Derrida recordou-nos que não há argumentação sem crença prévia. O apresentar de razões mais elementar, não digamos já o filosófico, assenta num "performativo de promesssa" (1996: 71). As luzes da crítica e da razão não podem deixar de pressupor a fiabilidade. Este acordo, assentimento, fiança, confiança (*Zusage*) "designa como o mais irrredutível inclusive o mais originário do pensamento, antes mesmo desse questionamento de que (Heidegger) disse que constitui a piedade (*Frömmigkeit*) do pensamento" (1996: 96).

Se filosofar pressupõe um acto fiduciário, crente, e no fundo nos referimos a um relato que remete para o sentido da pessoa, da realidade, etc., estamos no âmbito do mito. As costas da filosofia apoiam-se no mito. E parece que nunca se pode desprender.

7.3.2. A riqueza filosófica do mito

Outro modo de avançar no sentido de mostrar a presença rica do mito na filosofia será não tanto indicar as suas inevitáveis raízes latentes nas questões últimas — a nostalgia da filosofia —, que cada pensador toma como pedras angulares da sua construção, como ensinar a inspiração que o mito oferece ao pensamento. Isto já Platão o viu e utilizou com bastante profusão, mas podemos também dar alguns exemplos mais próximos dos nossos dias (Pace Schelling).

A latência do mito e mesmo a sua evocação criativa dentro de uma proposta filosófica do nosso tempo encontram-se na incorporação por Heidegger em *Ser e Tempo* do mito fábula de Higino sobre o "cuidado" ou a inquietação (*Sorge*) (Blumenberg, 1992: 165; Gaos, 1986: 56s). O processo de incorporação foi bastante estudado e parece que segue o seguinte caminho: Heidegger tê-la-ia lido num ensaio de K. Burdachs sobre *Fausto e a inquietação*, que remete para o *Fausto* de Goethe, que a tinha tomado de uma adaptação de Herder, e este de uma compilação de Higino a partir de um poema sobre "O filho da inquietação".

Em resumo, a fábula apresenta-nos a inquietação como uma figura alegórica e conta que "atravessando ela em certa ocasião um rio, distinguiu um barro argiloso e pegou num pedaço para dar-lhe forma. Enquanto reflecte sobre o que modelou, chega Júpiter. A inquietação pede-lhe que infunda espírito à sua imagem de argila, e Júpiter assim faz. Ela quer também dar o seu próprio nome à sua obra, mas Júpiter proíbe-lho, insiste em que o nome a dar-lhe seja o seu. Enquanto ambos discutem, levanta-se Tellus, a Terra, e reclama que seja chamada com o seu nome, pois para isso tinha ela dado um pedaço do seu corpo. Toma-se a decisão de tomar Saturno como árbitro, e este emite equitativamente o seu ditame: "Tu, Júpiter, deves recuperar o espírito depois da morte, uma vez que infundiste o espírito; tu, Tellus, uma vez que deste o corpo, deves acolher de novo o corpo; no entanto, a inquietação, dado que foi ela a primeira a quem ocorreu esta imagem, deve possuí-la enquanto viver. Mas no que concerne à presente discussão sobre o nome, deve chamar-se *homo*, pois foi feito do *humus*" (Blumenberg, 1992: 165:166).

Já conhecemos a profunda e rica recuperação que Heidegger faz desta fábula-mito no seu pensamento. É uma ideia fundamental para a determinação da "totalidade estrutural originária" da existência humana. Deste modo, como comenta Blumenberg (1992: 165), com uma ponta de ironia, um conceito tão central como este não tem tanto uma origem teológica, segundo pareciam fazer crer certas referências de Heidegger a Santo Agostinho, como um fundo mitológico.

A presença latente da mitologia escatológica e do mito da "Idade de Ouro" foi muito bem notada por diversos autores. Eliade detecta esta sensibilidade, que passa indubitavelmente pela tradição judeo-cristã para a nossa cultura. Torna-se presente de modo especial no pensamento político — com isso damo-nos conta de que as mitologias são políticas e a política é mítica —, e não só no já citado do proletariado como justo inocente e o seu "reino" como fim absoluto da história. Está presente em Kant, para o qual não é possível nem imaginável nenhum combate pela liberdade, se o homem não acreditasse na existência de um "reino de Deus", mesmo que entendido no seu sentido completamente secularizado (Kuhlmann, 1994: 152s). Trata-se de uma ideia que antecipa a posição de E. Bloch.

É difícil não ver a democracia percorrida pelo mito da Palavra: qualquer um, a partir de qualquer lado, pode falar e dizer a verdade, porque a sua mente está vinculada com a Verdade (Campbell, 1991: 64).

Esta latência mitológico-escatológica encontramo-la em Arendt (1989: prólogo), que se interroga com insistência e perplexidade sobre a insuficiência do horizonte humano para realizar os anseios e as virtualidades do homem. O Paul Sartre das conversas finais com B. Levy afirma também que o fim do homem é trans-histórico. Aparece na história mas não lhe pertence (Sartre/Levy, 1980: 51-52). Mesmo Cioran anseia por uma eternidade não como continuidade no tempo mas como ruptura: "Uma eternidade verdadeira, positiva, que se estende pra lá do tempo, e não a eternidade negativa, falsa, que se situa aquém, longe da salvação, fora da competência de um redentor, e que nos liberta de tudo privando-nos de tudo (...). Um universo destituído (...). Tendo caído sem recursos na eternidade negativa, esforçamo-nos por colocar aqui em baixo a busca de *outro* tempo (...) em refazer o Éden com os meios da queda" (1987: 130-131).

E já citámos bastante os dois líderes da primeira teoria crítica da Escola de Frankfurt, Horkheimer e Adorno, para não precisarmos de alongar-nos em sublinhar o fundo escatológico, de reconciliação, que preside à sua reflexão. Em palavras clássicas de Adorno, "a filosofia — e esta seria a sua única justificação face ao desespero — seria a tentativa de considerar todas as coisas à luz em que aparecem desde o ponto de vista da redenção. A única luz do conhecimento é a que brilha no mundo desde a perspectiva da redenção: tudo o resto não passa de reconstrução a posteriori e pura técnica" (1975: 265).

Estes exemplos levam-nos a dizer que não só existe um caminho que vai do "mythos" ao "logos" mas que também existe uma circulação em sentido contrário. Quer dizer, tudo se passa como se o pensamento nesse trajecto de marcha para a depuração argumentativa e a pureza lógica perdesse vitalidade. A tal ponto que, como sabemos, um dos diagnósticos repetidos por alguns dos melhores pensadores do nosso tempo é o de que nos encontramos nas garras de "um racionalismo equivocado" (Husserl), que nos coloca, na opinião de Heidegger, numa "situação desesperada". Nesta ampla situação de crise, não se requer que se volte a encontrar essa palavra primária ou originária, que se origina nas profundidades, que traga à luz o que permanecia na obscuridade? Onde estará a Diotima que nos aconselhe no que se refere ao falar que revela a Verdade?

7.4. Mito e religião

"O mito é uma religião potencial", disse, em frase famosa, E. Cassirer. Daí que sempre se tenha visto a religião no âmbito do mito ou usando o seu espaço, as suas imagens e simbólica para os seus interesses. Que relação tem o mito com a religião? Esta torna-se independente daquele?

7.4.1. *Mitologia e religião*

O mito tem muitos pontos de contacto e afinidades com a religião. Um e outra procuram oferecer uma visão que nomeie as coisas e as ordene na dicção, relato mitológico ou texto religioso e também na recitação ritual e na concatenação cerimonial. Um e outra tratam de relacionar todas as realidades e conferir-lhes um sentido em referência ao Último ou Primordial — o Sentido por excelência — que as afaste da exclusão. Um e outra procuram integrar, redimir, relacionando-as ou religando-as com esse Sentido totalizante, as experiências do aparente sem sentido que o ser humano faz no sofrimento, na doença, na morte ou nas contradições sociais, no acaso e no não manipulável. Um e outra recorrem a uma lógica simbólica não tanto explicativa como relacionadora, co-implicativa; trata-se de co-significar e de imbricar, não de analisar e explicar. Dão razões ao coração, não apenas à cabeça. Daí o aspecto de trama e relato que têm a mitologia e a religião.

Talvez seja precipitado dizer, à maneira de Horkheimer e Adorno, que o mito (e a religião) oferecem a mentirosa aparência da manipulação mágica da realidade. A compreeensão do contraditório ou irracional, do doloroso, não evita sem mais o sofrimento nem o mal. Mas, ao nomeá-lo e referi-lo ao Sentido torna-o manejável e compreeensível; não o transfigura sempre magicamente — num arremedo de superação racional do mal —, mas integra-o e encaixa-o melhor ao transubstanciá-lo simbolicamente na sua conexão com o Sentido Último. É claro que esta função trans-significativa pode desempenhar papéis ideológicos e mascarar a realidade. Mas a intencionalidade do mito e da religião tende a uma co-implicação de contrários, de bem e mal, consciente e inconsciente, monstro e herói, que procede do seu interesse ontológico em tudo implicar. Segue-se daí, sem solução de continuidade, o passo seguinte, de intencionalidade soteriológica ou salvadora: trata-se de assumir a realidade salvando-a.

A religião distingue-se do mito enquanto "forma simbólica". Os objectivos são praticamente os mesmos, movem-se dentro do mundo da lógica simbólica relacional e co-implicativa, mas fazem-no de forma distinta. Em que consiste a diferença?

Seguindo as indicações de E. Cassirer, podemos dizer que o mito está tão "fundido na intuição do mundo das coisas, da realidade e do acontecer objectivos, que aparece como uma parte integrante dela" (1998, II: 62, 293s). Não há separação entre o mundo real e o ideal, entre a existência e a significação. A religião, enquanto atitude intelectual ou da consciência, introduz uma separação ou diferença entre realidade e idealidade, existência e significado. Neste sentido, a religião serve-se de imagens e símbolos e é consciente disso; algo a que a consciência mítica ainda não acedeu. A religião distingue entre o que é meio e aquilo para que aponta o símbolo, a imagem; o mito confunde-os.

7.4.2. A desmitologização na religião

Já nos apercebemos de um movimento que se introduziu no pensamento religioso e que vai levar a uma atitude crítica e de distância em relação ao mito: a consciência de servir-se de imagens e signos sensíveis (Cassirer, 1998, II: 294 s). Quer dizer, começa dentro da religião a distância crítica em relação à sua base mitológica. Este processo é diferente e peculiar em cada religião. Mas em toda a religião há uma busca de verdade que pressupõe uma primeira racionalização ou início de "mitologia secularizada" (Ortiz Osés, 1996: 126). Não há dúvida de que em todas as religiões de salvação ou ligadas a processos culturais de alta civilização, especialmente desde o "tempo eixo" (Karl Jaspers), se deu este confronto crítico com o subsolo mítico. Assistimos a uma desmitologização dentro da religião que acentua a consciência da distinção entre subjectividade e mundo natural. Até onde chega esta desmitologização? É possível uma formulação completamente "desmitologizada" da religião?

Dentro do mundo cristão, no qual a influência cultural da razão ilustrada funcionou como um elemento de crítica das mitologias, produziu-se dentro da formulação teológica um grande movimento de depuração mitológica. Propôs-se inclusivamente como programa na intenção e obra do filósofo e teólogo D. F. Strauss (1808-1874), discípulo de F. Ch. Baur e F. W. Hegel.

Strauss publicou em 1835/36 uma *Vida de Jesus* onde aplicava aos Evangelhos o conceito de "mito", que entendia como uma mescla, insuficiente, de sobrenaturalismo e de racionalismo. Este autor observa como nos relatos evangélicos se neutralizam as leis naturais ou se aplicam a Jesus temas do Antigo Testamento. Strauss não atribui isso à manipulação histórica, mas à presença do mito, da "saga que cria espontaneamente" (Thessen/Merz, 1999: 20s). Contudo, Strauss sustenta que o núcleo da fé cristã não está tocado pela perspectiva mítica. O mito é o revestimento "histórico" legítimo da ideia da "humanidade de Deus".

Outro grande teólogo e exegeta protestante alemão do século XX, R. Bultmann (1970: 23; 1974; 1964; Zahrnt, 1972: 250s), foi o grande impulsionador do programa desmitologizador. Para este autor, a imagem do mundo e a autocompreensão do homem moderno estão em contradição com a visão mítica do mundo bíblico e concretamente do Novo Testamento. O mito objectiva o além no aquém: fala mundanamente do extramundano, humanamente do divino, apresenta os deuses como seres humanos. Mas deste modo consegue o contrário do que pretende, que é não objectivar o além. Por isso, para Bultmann, "a visão moderna do mundo é um critério" interpretativo. Daí que o seu programa desmitologizador (*Entmythologisierung*) não deve interpretar o mito cosmologicamente, mas antropologicamente. Uma interpretação dos textos sagrados "desmitologizada" não elimina o mito através da crítica, mas dá-lhe uma interpretação existencial (heideggeriana), mediante a qual se descobre o significado profundo que neles se oculta. A pretensão e o esforço não deixaram de produzir bons frutos de teologia e formulação "existencial". Mas — hoje somos mais conscientes desse facto — substituiu-se uma interpretação com um fundo mítico por outro. A desmitologização produz sempre uma remitologização (Dierken, 1994: 73s).

Contudo, deve-se afirmar que o impulso crítico dentro da teologia — ou formulação "racional" da religião — foi avançando e descobrindo novos lugares onde exercer a crítica desideologizadora: a teologia política representa mais um avanço desta consciência dos papéis tergiversadores que a religião pode desempenhar dentro da sociedade e que remetem para uma base mitológica. Mas também cresce a convicção de não poder evitar a referência simbólica e a formulação narrativa de conteúdos que, se se pretender exprimi-los mediante a explicação "lógico-lógica" ou da "lógica científica", são simplesmente liquidados. A Transcendência, o Mistério, Deus, o sagrado, a reconciliação, o Futuro pleno, a salvação "agora", etc., conservam um núcleo que resiste à mera formulação do lógico-empírico; precisamos da evocação, da sugestão, do sentido totalizante, co-implicativo, que nos remete para uma metaforização que

PARTE II – AS DIMENSÕES DO MITO

aponta para uma realidade distinta da presente existente. Deste ponto de vista, tem razão K. Hübner quando afirma que nunca haverá religião sem o mito: "a fé viva só se pode alcançar através do mito" (1985: 343s). Na sua polémica com Bultmann, K. Jaspers participa desta ideia: "O mito é portador de significações; no entanto, trata-se de significações que só podem exprimir-se mediante as figuras míticas" (Bartsch, 1966: 19; Duch, 1998: 212 s).

Um autor que está a criar tomadas de posição contrapostas nos nossos dias pela forma de entender a Escritura, como conjunção muito elaborada de mito e história, é E. Drewermann (1985a; 1984; 1985b; 1995; 1996). Este teólogo e psicoterapeuta católico alemão revolucionou o mundo teológico ao questionar as insuficiências e unilateralidades dos métodos histórico-críticos na análise e pregação da Bíblia. Frente a estes métodos que privilegiam a preocupação pelos elementos realmente históricos contidos nos textos ou pela primitiva situação do texto, Drewermann acentua a sua dimensão mítico-simbólica: o seu significado e o poder curativo, sanativo, dos mesmos. Encontramo-nos perante uma verdadeira recuperação da dimensão mitológica da religião judeo-cristã e do seu poder salvador.

Drewermann parte da omnipotência da "angústia" e do "desespero" na existência humana. É um factor que manifesta a presença do mal e a não reconciliação em nós. Face a esta realidade, o ser humano precisa de cura. Precisamente o poder sanativo da palavra narrada, mítico-histórica, dos textos bíblicos oferece um antídoto para superar a angústia e o medo. Aí estão contidas poderosas imagens arquetipais, ofertas de sentido e de confiança, capazes de opor-se à desestruturação e patologias da angústia e do medo. Portanto, Drewermann interpreta o mito na Bíblia a partir da sua potencialidade terapêutica. Para isso, caminha pela via da psicologia profunda, próxima de Jung. Sabe que o mito é ambíguo, que também pode conduzir à desestruturação e à perdição, mas, insistimos, acentua o seu lado salutífero. Daí que, para este autor, a "verdade" do mito se meça pelo seu potencial curativo em e para os homens.

Drewermann é acusado de não ser claro na sua metodologia psicanalítica, de não poder oferecer uma "interpretação verdadeira" dos mitos, de dobrar-se excessivamente às buscas de salvação do eu tão típicas desta hora pós-moderna ou da cultura egocêntrica. Enfim, o seu uso terapêutico do potencial mítico-religioso da Bíblia corre o perigo de unilateralizar a mensagem religiosa, reduzindo-a a uma questão puramente "interiorista". Ora, a salvação, reconciliação, que oferece a mensagem bíblica não só é interior, mas para a pessoa toda, também para a sua exterioridade, isto é, também para a sua dimensão social e pública. Mas, para lá do acerto destas críticas, é inegável a sacudidela teológica que a interpretação e ideias de Drewermann supõem. Assistimos ao debate interminável da dimensão mítica na religião, concretamente cristã, e a certa inversão da questão: frente às tentativas des-mitologizadoras do século XX e de projectos como o bultmanniano, descobrimos hoje com Drewermann uma sensibilidade mais romântica e de re-mitologização.

7.5. Mito e ciência

Voltemos por um momento o olhar para o âmbito racional, que passa por ser o mais rigoroso e desprovido de qualquer veleidade. A ciência oferece-se, pelo menos aos olhos dos leitores de filosofia da ciência e metodólogos, como um edifício erguido de modo perfeito desde os cimentos racionais, lógico-empíricos, bem fundamentados.

A ciência parece ser, portanto, o âmbito mais distante do mito, o antimito. Mas, como estamos a ver, é preciso levantar a suspeita de que o caminho da mito-logia não termina no puro logos, mas que chega à logo-mítica.

7.5.1. Da metodologia à cultura

A discussão recente sobre a filosofia da ciência (F. Buey, 1991: 69; Mardones, 1994: 19s) ajuda-nos no nosso propósito de apresentar uma síntese rápida com algumas sugestões sobre a importância das concepções metafísicas, relgiosas e até míticas na ciência.

Praticamente até aos anos sessenta, predominou um modo de apresentar a ciência como produto terminado que oferecia uma coerência metodológica admirável: apoiada em dados empíricos contrastados, sistemática, simples, elegante. A ciência apresentava-se como o epítome do rigor, clareza e racionalidade. Era a denominada "perspectiva empírico-analítica".

Mas, como disse um dos seus máximos impulsionadores, C. G. Hempel, esta apresentação ficava muito longe dos modos de pensar e fazer científicos reais. Daí que desde os anos sessenta assistamos à denominada mudança de tema ou perspectiva pragmática. Agora, mais do que o produto terminado interessa o modo como se manufactura.

Thomas Kuhn, com o seu famoso estudo sobre a estrutura das revoluções científicas (*La estructura de las revoluciones científicas*, 1971; 1978; 1983), colocou os fundamentos para uma viragem no sentido da atenção historiográfica e sociológica, em última análise cultural, da ciência. Visto desde esta perspectiva, o método científico não é tão puro como nos tinham feito crer. Kuhn usa em seu lugar o termo "paradigma" — alguns teriam preferido o de "matriz disciplinar" —, no qual aparecem não só pressupostos teóricos gerais, leis e técnicas para a sua aplicação, mas até alguns princípios metafísicos que guiam o trabalho científico e algumas prescrições ou regras metodológicas gerais. Quer dizer, estamos a aceitar já a penetração de compreensões e visões do mundo e da realidade como aspectos importantes do trabalho científico e da sua criatividade.

O passo mais atrevido dá-o P. K. Feyerabend (1981; 1982; 1984; 1985; 1999), que de modo provocatório chega a afirmar que a ciência não se distingue da arte e apresenta o desenvolvimento da microfísica moderna com o mito da bruxaria. Trata-se de um pretenso assalto à "razão científica", que era mais uma crítica da mitologia do método científico. Para Feyerabend, mais do que um método científico o que há é um conjunto de aproximações onde a contra-indução e o pensar contra — que se nutre de variadas fontes, entre as quais não deve desprezar-se a Ilíada, a Bíblia ou qualquer mitologia – são muito mais produtivos do que seguir um manual ou as regras de um procedimento. A ciência não está assim tão distante de outros saberes.

Feyerabend teve a vantagem de, com a sua provocação, situar a ciência no meio da sociedade e da cultura. A ciência é um produto social. A ciência, melhor, o homem e a mulher de ciência, não escapam à condição humana e possuem os seus sonhos, ilusões, crenças, fobias, etc. A ciência, por este caminho, não se encontra imunizada ao mito. Mais ainda, se escutarmos estes autores e muitos outros, a intuição, a imaginação, desempenham um papel importantíssimo nas descobertas científicas, como já sabe a historiografia. A metáfora não é importante, é imprescindível na ciência. Como Mary Hesse (1980) e outros disseram já de modo convincente, não só os conceitos científicos se constroem sobre solo social e se nutrem de metaforizações desde Galileu e Newton até à "dupla hélice" do ADN, o "gene egoísta", a "flecha do tempo", mas também os "sabores" e "cores" do mundo subatómico nos indicam que o uso da metáfora não está em contenda com a busca de rigor e a aspiração à formalização. Nem tão-pouco, como nos recordará Neumann, com a criatividade que procede do pretenso mundo obscuro do inconsciente mítico.

7.5.2. *Uma ciência não logo-mítica*

Em traços largos, estamos a ver que a ciência não escapa à contaminação cultural e às concepções do mundo com o seu fundo mítico (Brun, 1981: 35s). É claro que com isto não queremos esquecer ou neutralizar o tipo de disciplina e de pensamento que predomina na ciência: é um âmbito ou subuniverso, "uma parcela finita de significado" (A. Schütz), que se caracteriza precisamente por demarcar-se da "realidade predominante" e do mundo mítico ou religioso pela sua referência à realidade e por um estilo de pensamento lógico-empírico.

Ora, quando a ciência esqueceu que assenta sobre a realidade cultural e social — apesar da "epochê" do seu estilo de pensamento e de conotação de realidade —, degenera precisamente em mitificações do método ou em racionalismos que pretendem apagar as marcas do sujeito que constrói a ciência. Nesse momento, como disseram tantos críticos desde a Escola de Frankfurt para cá, a ciência cai no mito na sua pior acepção de visão carente de auto-reflexão e autocrítica. Encontramo-nos então face à logo-mítica. A ciência moderna sabe que nem sempre resistiu à tentação de mitificar-se e apresentar-se, falsamente, como produto, metodologia ou mecanismo salvador. Também não resistiu a apoderar-se do conceito de "razão" e apresentar-se como o único reduto da racionalidade ou de colonizar mais e mais âmbitos humanos num afã imperialista. Mas está a ter, em muitos dos seus cultivadores e na imagem cultural geral, uma consciência crescente da sua ambiguidade como produto humano e da necessidade de remeter-se a uma visão do mundo onde tenha sentido.

Há outro aspecto que actualmente chama poderosamente a atenção quando nos aproximamos do mundo da ciência e que nos faz pensar numa "nova mitologia". Referimo-nos aos intentos holísticos que buscam o "sonho de uma teoria final" (Weinberg, 1994; Hawking, 1998), ou então, a ligação das visões científicas actuais com as cosmovisões religiosas de matriz oriental (Capra, 1975; 1985; 1991; D. Bohm, 1988; Wilber, 1987). Assistimos, nos finais do século XX, a uma necessidade de físicos, cosmólogos e escritores de alta divulgação, de construir visões unificadas e com sentido totalizante. É como que uma reacção frente à fragmentação de saberes e à ruptura das grandes cosmovisões culturais. O resultado, olhando para os mesmos cientistas, é surpreendente, mas cheio de lições: em Palo Alto, com a investigação de ponta, marcam encontro o esoterismo e o neomisticismo; em Princeton, procura-se uma "nova gnose" que proporcione unidade aos vários saberes, mais do que dispersos, desconjuntados num montão de especialidades; nos colóquios de Paris, marcam encontro cientistas, humanistas e pensadores religiosos (Debray, 1996: 52s). Há sede de unidade e ligação do saber científico com a sabedoria religiosa. O resultado deste intento de orientar o ser humano "após a morte de Deus" tem um altíssimo sabor mítico.

7.6. O duplo processo racional

As relações entre mito, religião, filosofia e ciência levam-nos a um delineamento da dinâmica racional de fundo que percorre estas "formas simbólicas" do pensamento: não assistimos nelas a um duplo movimento da razão?

Por um lado, parece que existe um movimento ascensional crescente que vai do mito, passando pela religião, até à filosofia e à ciência (Berger/Luckmann, 1974: 122s). Neste movimento, predomina uma dinâmica crescentemente explicativa, raciocinadora ou logo-lógica. O mínimo — inclusive antes do mito poderíamos colocar a magia ou afirmações tradicionais simples — estaria na magia, seguindo-se, em progressão, o mito, a religião, a filosofia e a ciência. Não há dúvida de que, do ponto de vista da explicação lógico-empírica, há um progresso do mágico-mítico ao racional-científico.

Mas, por outro lado, assistimos neste processo lógico ascensional a uma debilitação crescente e à perda de referências relacionais e implicativas. É como se na depuração lógico-empírica fôssemos perdendo peso e força subjectiva e de sentido co-implicativo. Por outras palavras, há um movimento descendente desde a magia até à ciência na lógica relacional e na capacidade integrativo-sintética de tudo com tudo. Ou, o que é o mesmo: assistimos a dois movimentos antitéticos: quando se reforça um, o outro debilita-se; o que se ganha em objectividade científica, análise e funcionalidade, perde-se em relacionalidade, síntese de sentido e co-implicação, que tem no mito um grande poder (Ortiz Osés, 1996: 118).

Talvez esta constatação simples — nunca isenta de contaminações, como vimos na exposição — nos devesse conduzir a uma visão não oposta mas complementar dos dois tipos de racionalidade que se encontram em liça no pensamento humano quando se trata de proporcionar uma articulação da realidade. Não se deve desprezar nenhum nem desqualificar um a favor do outro, mas vê-los na sua diferente função complementar. É preciso apostar na unidade, por mais tensa e dialéctica que seja, e não no dualismo. Um pensamento lógico rigoroso proporciona-nos uma visão objectiva da realidade, mas sem calor significativo e de uma frieza ontológica que gela as veias do sentido; como o calor simbólico religador com o todo das visões míticas nos proporciona um lar, nos liga com o fundo inconsciente arquetipal, mas nos tira liberdade e distância crítica para nos apercebermos das máscaras da realidade secular. E do ponto de vista do funcionamento real, da cultura e da criatividade, não é possível efectuar dissecações que separem limpidamente as diversas "parcelas finitas de significado": encontramo-nos com a mistura e a mestiçagem mítico-racional. Trata-se, por outro lado, de algo muito produtivo a partir da criatividade e da vida sócio-cultural.

PARTE II – AS DIMENSÕES DO MITO

Pelo caminho da forma mental voltamos a descobrir o que foi o ponto de chegada da nossa análise cultural: a saúde do indivíduo e da cultura encontra-se na complementaridade e síntese criativa destes dois tipos de racionalidade.

7.7. Os problemas de uma nova mitologia

No termo destas reflexões sobre a racionalidade e o pensamento, damo-nos conta de um dos gravíssimos problemas com que o nosso tempo e a nosssa cultura se enfrentam: a integração sã da racionalidade e a criação de uma visão onde saberes e sabedoria se dêem as mãos. Constatamos que o problema é sensível. Sentimos como uma chicotada o sem sentido, a fragmentação e a necessidade de uma visão holística. Mas como consegui-la?

Não podemos elevar uma visão, religião ou sabedoria à condição de cosmovisão sem incorrer num imperialismo anacrónico e inaceitável. Hoje, quando o horizonte da nossa cultura se diz planetário, globalizador, não podemos deixar de abrir-nos a um diálogo intercultural, inter-religioso, inter-cosmovisional. Mas não sabemos realmente como realizá-lo. Não dispomos sequer de uma conceptualização básica para nos entendermos.

O caminho que intuímos é caminhar pelas formas simbólicas que sustentaram as diferentes sabedorias. No caminho para a profundidade, como sugere P. Ricoeur, obtém-se mais facilmente a convergência e a compreeensão mútuas. Esta via simbólica, mito-simbólica, descobre-nos a unidade de fundo das diversas cosmovisões e desperta a nossa consciência para o significado profundo da vida, para a ubiquidade de uma "presença" ou "eternidade". Mas conhecemos os perigos de confundir perspectivas etnocêntricas com filosofias perenes ou de oferecer reconciliações falsas e rápidas que são legitimações (míticas) da realidade não redimida. Por esta razão, não podemos iniciar o caminho sem a companhia da vigia da razão crítica. Há que conjugar criticamente, sem perda nem assimilação, o "mythos" e o "logos".

PARTE III

O RETORNO DO MITO

O mito volta. Porventura alguma vez partiu? Como durante o dia, culturalmente, há momentos de mais ou menos luz, de maior ou menor presença e claridade míticas. Talvez a crise cultural e social que vivemos se reflicta num obscurecimento do mito e os esforços para superar o umbral da crise manifestam-se como busca de sentido que se lêem , por sua vez, como retornos do mito.

Nesta parte final, queremos explorar este suposto retorno do mito na nossa cultura e ver os seus contributos e perigos. Se o mito procura, em última instância, "apalavrar" a realidade na sua pluralidade paradoxal cheia de contradições, é porque o ser humano conhece a radical ambiguidade em que vive e luta por superá-la. O trabalho mítico da nossa cultura actual não é outra coisa senão a busca da expressão correcta da humanidade do ser humano. Vejamos o que acontece ao mito, isto é, observemos o que acontece ao homem moderno, que angústias e nostalgias, esperanças e terrores o cercam.

8
A actualidade ambígua do mito

O nosso momento cultural foi descrito como sendo propício ao mito. A polimitia actual inscreve-se na sensibilidade que se costuma chamar "pós-moderna", isto é, de reflexo do mal-estar da modernidade tardia e da sua superação, incluídas as suas utopias (também os seus mitos?).

Vamos percorrer, na brevidade de um capítulo, algo desta sensibilidade, que, por um lado, tem atitudes de rejeição, e, por outro, de adesão ingénua às narrativas. Esta "viragem narrativa", como a denominou R. Rorty, talvez possua algumas das chaves deste renascimento do mito. Prosseguimos assim o diagnóstico do nosso tempo através do indicador do mito — desta vez a partir do seu suposto regresso — e investigamos o seu significado para o nosso tempo. As promessas e perigos costumam morar juntos, como sabia Hölderlin, e não seria estranho que estivessem incubando a sua prole neste momento sócio-cultural.

8.1. Uma moda que vem de longe

A redescoberta do mito não é uma questão dos nossos dias. Se prestarmos atenção à sociologia cultural de G. Durand, veremos que a sua revitalização se inscreve nessa luta surda que atravessa a cultura ocidental desde o século XII, pelo menos. Frente ao predomínio do analítico, conceptual, explicativo, ergue-se, nesta visão que nos mostra a dialéctica entrecruzada dos movimentos inseparáveis da razão e do ser humano, a reacção contrária e complementar da intuição totalizante, imaginativo--simbólica e co-implicativa. "Logos" e "mythos" são a denominação clássica, inevitavelmente metafórica e estereotipada, desta tensão que se inclina para um lado e para o outro, segundo os momentos históricos.

M. Frank recorda-nos (1998: 95s; Ortiz Osés/Lanceros, 1997: 578s) que a tentativa de criar uma "nova mitologia" depois do Iluminismo e da declarada "morte de Deus" não é uma reacção dos nossos dias. Foi uma das "obsessões mais poderosas dos debates literários, teórico-sociais e filosóficos dos séculos XIX e XX". No século XIX, autores tão diferentes como os irmãos Schlegel, Schelling, Hölderlin, Baader e Nietzsche investiram esforço e criatividade para constituir uma nova mitologia que desse sentido e orientação ao desnorteado e cego ser humano pós-religioso ou pós-cristão. Perante a crise da sociedade em finais do século XVIII, da falta de coerência dos seus valores unificadores, os românticos foram os primeiros a "descrever e tratar em terminologia religiosa o problema da alienação do Estado e da sociedade (os "sistemas dos meios" e da exigência de sentido dos cidadãos) como o problema da perda de legitimação" (Frank, 1982: 10s). De facto, como nos recorda M. Frank, já em 1796 ou 1797 apareceu um manifesto anónimo, atribuído a Schelling — descoberto por F. Rosenzweig e que chegou a nós fragmentariamente através de Hegel; Rosenzweig denominou-o "primeiro programa de um sistema do idealismo alemão" —, no qual se reconhece o nascimento dos pré-românticos e se propõe fazer frente à crise de legitimidade da razão iluminista através da fundção de uma "nova mitologia *da razão*" (1989: 94, 99). Os pré-românticos foram conscientes das limitações do criticismo iluminista, especialmente do que denominaram "o espírito da análise", isto é, a ênfase na racionalidade analítica que divide as questões e os fenómenos em elementos, mas que é incapaz de proporcionar unidade e vinculação valorativa, sentido. Para esta tarefa, precisa-se do que chamavam a "função comunicativa do mito", isto é, o seu potencial relacionador, socializador, mercê da sua "natureza sintética" (1989: 112s). O apelo que fizeram para recuperar a "religião de Diónisos" tem o mesmo objectivo: recuperar a substância de uma mito-religião na qual viam expressa — com os conhecimentos que proporcionava a ciência da cultura grega de então, dos Schlegel, F. Creuzer, J. M. Canne, K. O. Müller — a função social do santo. Dioniso (1989: 115-118) era a expressão do "espírito humano" através de um processo que Schelling viu desenvolver-se em três momentos: um monoteísmo pré-mítico, um politeísmo mitológico e uma religião monoteísta de revelação. A dialéctica idealista perseguia um objectivo racional e unificador: superar a ruptura social e a crise de sentido.

No século XIX, começou a tornar-se palpável que a cultura burguesa cristã (Monk, 1994) tinha perdido a sua condição de visão cosmovisional unificadora e tornou-se sensível a necessidade de recriar visões totalizantes da vida humana. Isto é, uma tarefa de conteúdo e sensibilidade míticas.

E esta tendência não afrouxou no século XX. Se o início do século tem um claro movimento para a racionalidade científica, a lógica e o neopositivismo, não é menos certo que, como se indicou repetidamente, há um ar de família que percorre os pensadores de entre-guerras (chamem-se Cassirer, Heidegger, Jaspers, Jünger...) e que tem como denominador comum a atracção da *Lebensphilosophie* e os problemas do sentido (Safranski, 1997: 189s).

Já vamos advertindo que "a problemática mitológica" se relaciona com uma série de questões que, se quiséssemos elaborar um breve elenco, equivaleriam, nem mais nem menos, do que aos problemas da modernidade e da pós-modernidade. Pois é preciso considerar como tais os problemas da razão (una ou múltipla, as diversas dimensões da racionalidade, etc.), da racionalidade e da sociedade (razão instrumental ou funcional, desertificação do sentido, erosão das tradições, legitimação, ideologização, formalização, procedimentalização da razão, etc.), do sentido (da vida, da história, do indivíduo, justificado ou narrado, a caminho da emancipação ou da miséria moral, etc.). Todos estes problemas constituem a trama do pensamento que habita uns autores e outros, tendências e sensibilidades para tecer ou destecer respostas, propostas e contrapropostas. A criação de uma nova mitologia quer dizer, no fundo, oferecer respostas a este mal-estar e a estas questões. Estamos a lidar com os problemas do ser humano nesta sociedade e neste tempo, a sua forma de entender-se e orientar-se, as suas nostalgias e prosalgias. Embora neste trabalho criativo — ou melhor, re-criativo e actualizador — os pensadores frequentemente repitam e recubram de ouropel académico, legitimam o que artistas e visionários, profetas e espíritos "religiosos", comerciantes da cultura e efabuladores de massas apresentam como soluções para o mal do século.

8.1.1. O niilismo consumado

Nietzsche passa por ser um desses pontos de referência da época. Não é por acaso que pensadores pós-modernos e diagnosticadores das patologias da modernidade voltam uma e outra vez a ele. Recordemos as suas principais descobertas e admoestações quanto a uma cultura e sociedade que se caracterizava pela perda do sentido ou do grande vazio.

Nietzsche denomina a nossa época moderna/pós-moderna como a era do "niilismo". É célebre o texto sobre a "vontade de poder" ou domínio: "O que conto é a história dos dois próximos séculos. Descreve o que acontecerá, o que não poderá acontecer de modo diferente: *a chegada do niilismo*. Esta história já pode contar-se agora, porque a própria necessidade está aqui em acção. Este futuro fala já em cem sinais; este destino anuncia-se em todo o lado" (1981: 29).

Esta história já se pode contar, porque a anunciada morte de Deus pelo louco aconteceu. O sem sentido e as garras do anjo do relativismo radical fizeram efeito nas massas; já não é uma questão de intelectuais ou pensadores, todos os homens o escutaram já. A morte de Deus é, pois, um facto cultural. O anúncio do louco é opinião comum.

A morte de Deus significa, como se repetiu, a morte e liquidação de qualquer princípio unitário de sentido da realidade. Quer dizer, perdemos o fundamento, a coerência, o princípio religador, unificador e fundamentador. Estamos com as raízes no ar. Não há fonte do ser e do sentido. Daí que mesmo as tentativas secularizadas, profanas, de encontrar cimentos e sentido firme, inconcusso, sejam varridos pela erosão da torrente niilista. Não há princípio nem fundamento para nada nem para ninguém, nem mesmo para os sucedâneos ou substitutos de Deus, chamem-se razão, humanidade, história, justiça, proletariado, ideais, utopias, etc. Por trás de todo o princípio, há um dogma à espreita, uma imposição falaz, uma violência, um ídolo (Amengua, 1998: 169s). Encontramo-nos com "o mais estranho de todos os hóspedes" ("der unheimlichste aller Gäste").

A consequência é que o mundo do homem, a sociedade e a cultura ficam a bambalear na corda frouxa do relativo, do rescindível, do temporal. Diz-se adeus às harmonias e aos ordenamentos, ao "cosmos" e à razão. A morte de Deus significa o fim das mitologias do "kosmos" como ordem.

Para onde vamos? Para onde caminhamos forçados pela torrente niilista? É uma pergunta nostálgica peloo sentido anterior, periclitante. Mas há algo que se vê claramente e como consequência do anterior: a morte de Deus arrasta consigo a morte do homem. M. Foucault, o estruturalismo, a sociobiologia, a linguística, a genética, a pós-modernidade proclamam o fim do homem e do humanismo. Analisado este ser humnao à lupa destes saberes, descobre-se que no fundo não há nada para lá das pulsões (psicanálise), do meio (sociologia), da linguagem que fala em e através do homem, dos genes (genética)...O ser humano é um conglomerado de aspectos e qualidades sem unidade nem finalidade responsável.

8.1.2. *Ocultação ou revitalização do mito?*

A consequência a nível cultural da chegada do niilismo é, traduzindo para o vocabulário mítico, a irrupção da desmitologização (Campbell, 1991: 36). Quer dizer, o sem sentido, a desfundamentação, o relativismo radical, apoiam num primeiro momento a impressão de que regras culturais fundamentadas e que funcionavam até agora estão em crise e de que os seus referentes últimos, donde tiravam significado e autoridade normativa, estão secos.

Daí a impressão que têm muitos autores, como Rollo May (1992: 12), de que a violência e a toxicodependência juvenil se devem à desestruturação do sentido: os jovens ficam sem grandes mitos que os ajudem a socializar-se, a relacionar-se com o mundo e a compreendê-lo para lá do que pode ver-se, "obter a segurança interna de que necessitamos para viver adequadamente os nossos tempos". A tradução sociológica desta "ausência de mitos" é não só uma série de patologias que vão da depressão e do suicídio à violência, mas também este pragmatismo da vida quotidiana que termina num individualismo consumista, numa frivolidade intranscendente, na indiferença e na apatia suavemente tingidas por um esteticismo presentista. Temos um eu dissolvido por excessso de atenção superficial.

Mas, por outro lado, não é esta época da imagem a era dos divos e das estrelas, dos "mitos" televisivos e do cinema? Não assistimos a criações de "mitos de massas" como o Super-homem, a *Guerra das Galáxias* ou qualquer outro produto de consumo rápido saído da indústria cultural de Walt Disney?

G. Durand exprimiu já o seu juízo negativo face a tanto jogo de imagens e propostas: liquidam o imaginário, por excesso e banalidade. Talvez radique aqui o problema do nosso tempo. A mitologia banal mata o mito. Ou talvez nos encontremos em fase de recriação e reactualização de mitos; ou é a recepção social que mudou, submetida à vertigem de uma avalancha de informações, impressões e estímulos cambiantes.

Parece que estamos cheios de mitologias que acabam por não enraizar-se e tornar-se os mitos doadores de sentido desta cultura. Por isso, temos a impressão, por um lado, da "ausência do mito" e, por outro, de uma mitologização ingente.

8.2. As condições de um retorno

A volta do mito, podemos suspeitar com M. Frank, é um modo de tratar os problemas normativos e de sentido — "legitimação dos contextos da vida na constituição social" — do nosso tempo. Nesta pretensa volta, estão latentes questões da sociedade e da cultura, do sentido, dos homens da nossa época. Já nos referimos atrás a algumas destas questões. Agora interessa-nos fixarmo-nos em algumas das condições que propiciam esta volta ou retorno do mito.

8.2.1. *Uma epistemologia débil*

Estamos a viver um clima de crise da racionalidade forte ou fundamentadora. Os vários intentos mostraram que incorriam em petições de princípio, detenções arbitrárias na cadeia de raciocínios, apoio em grandes relatos que se apoiavam em pés de barro ou qualquer outra das interrupções, pressupostos não esclarecidos ou falhos. O resultado é que as pretensas fundamentações se foram acantonando e abandonando até o lugar mais modesto das plausibilidades e da aceitação da falibilidade da razão (Habermas, 1998), para apostar claramente num conhecimento infundado, des-fundado ou débil. Este ambiente é o característico da pós-modernidade. Segundo J. F. Lyotard (1984: 10s, 73s), precisamente esta aceitação sem nostalgias de um passado de fundamentações é o típico do espírito pós-moderno. É preciso estarmos conscientes de que não podemos ter fundamentações últimas ou de uma vez por todas; não há relatos fundadores inamovíveis como rochas graníticas. Temos que acostumar-nos a viver sem cimentos inconcussos, em busca do sentido, mas não à base de olhares de soslaio para os fundamentos dissolvidos ou com referência a grandes relatos, mas mantendo-nos na expectativa, praticando a escuta plural e procurando criar sentido.

Estamos a ver que o clima e a epistemologia pós-modernos são propícios para dar rédea solta à imaginação criadora, libertar-se dos laços de racionalidade logificante, funcionalista e sistematizadora, para ir em defesa do imaginário simbólico e mítico. Não admira que muitos entendam o tempo pós-moderno como um tempo da redução da tensão epistemológica e fundamentadora que abre um novo espaço racional. É o tempo da exploração e da criação mitopoiética. Agora podem renascer o mito, o símbolo, a poesia e a religião. Novalis diria que "o fantástico transcendental" entra em acção e desencadeia a imaginação do vivido e a sua comitiva de mitos.

8.2.2. *A consciência da indisponibilidade*

A sociedade actual é uma sociedade que começa a tomar consciência de que está rodeada de riscos. É como se o perigo vago e geral, ilocalizável, a cercasse por todos os lados. É um perigo que não vem de fora, mas de dentro de si mesma. São a sociedade moderna, o processo da modernidade, os seus dinamismos impulsionadores que empurram a sociedade para o risco incontrolável. A ciência, a industrialização, a burocracia, o militarismo, o produtivismo, o consumismo, o patriarcalismo... criam os seus próprios perigos frente à natureza que se vê em risco de expoliação, a biosfera que se vê ameaçada, o sentido que escasseia e as tradições que se desertificam, a paz que corre perigo, metade da humanidade que se sente não reconhecida... Estamos numa sociedade inundada pelo medo. Esta situação recebe de analistas como U. Beck o nome da "sociedade do risco" (1998).

A sociedade do risco é a sociedade onde de novo se toma consciência da condição finita e contingente do ser humano e da sua obra. Experienciamos de novo que vivemos perante o indisponível. Frente à tentação moderna que sonhou ter chegado o dia do controlo total e perfeito, cresce a consciência da indisponibildade. Não há capacidade para controlar os processos desencadeados. Perdemos o controlo, que se não consegue incentivando os processo científicos, tecnológicos, produtivos, etc. Talvez a receita seja, pelo contrário, uma "auto-restrição inteligente" (J. Habermas). Em vez de uma fuga para a frente, um autocontrolo que produza menos, consuma menos e deste modo contamine menos, destrua menos e exclua menos. Mas, como explicou de modo convincente C. Offe, precisa-se de uma elevação da consciência moral geral para conseguir esta mudança de "estilo de vida e de valores". Não é de estranhar que nestas circunstâncias seja necessário mobilizar velhos relatos que ajudem a reestabelecer boas relações com a natureza e Gaia volte, e a carta do chefe de Seattle, índio americano, recupere uma velha sabedoria mítica de filiação com a terra e de fraternidade humana que tem todo o aroma da ordem moral paleolítica (Campbell, 1991: 68s).

Esta "modernização reflexiva" (Beck, 1997), outro dos nomes desta consciência de viver numa sociedade do risco, impele para buscas de integração da nova situação. Podemos pensar que podemos estar perante as condições objectivas e psicológicas para que se dêem recuperações ou criações de relatos que permitam ajudar a integrar esta situação de risco. Precisamos de dar explicações com pretensão de sentido originário e global para nos convencermos de que temos de mudar de rumo. É a hora do mito e das visões holísticas.

8.2.3. *O imaginário sobre-explorado*

G. Durand (1993: 271s) repete que o nosso tempo, visto a partir da perspectiva do mito subjacente dominante, é o tempo de Hermes. Se os românticos quiseram reactualizar Dioniso ("Der kommende Gott", o

Deus que vem, morre e ressuscita), a modernidade industrial em ascensão, com as suas expectativas de *hybris* capitalista ou o messianismo socialista, quiseram ter Prometeu como mentor, mas em finais do século XIX já se começou a ver a sua quebra. Em seu lugar começa a impor-se a figura ambivalente e complexa de Hermes (Verjat, 1997: 287s). Quer dizer, o nosso tempo, como o deus Hermes, medeia, une e comunica, é dicção e contradição, é imprevisível, fugaz, múltiplo, diurno e nocturno. Esta estrutura de oposição e complementaridade fica reflectida e emblematizada no caduceu de Hermes, a vara direita em que duas serpentes se enroscam, uma benéfica e outra maléfica. Este é o signo hermético por excelência. Corresponde ao equilíbrio instável que do caos e da luta, da catástrofe, faz nascer a ordem. É o equilíbrio da infinita complexidade irredutível, da união fecunda dos contrários.

Talvez a ambiguidade do nosso tempo, sumido como que em crise permanente, se reflicta neste deus da "mobilidade serviçal", da ambivalência e do dinamismo dos opostos. Vivemos numa cultural na qual "os supostos pares ditos inimigos do sagrado e do profano, do irracional e do racional, do arcaísmo e da modernidade, do mundial e do local, são os que vemos enfrentar-se cada dia em duelo, figuras ideológicas obrigadas. Gostaríamos de sugerir que todos estes factores de sinais opostos estabelecem uma *equação de valores variáveis mas correlativos*" (Debray, 1996: 53).

Parece-nos que, para lá da leitura através da grande literatura que faz G. Durand, se pode efectuar outra – que ele mesmo insinua – quando se remete para o "efeito perverso da explosão vídeo". Quer dizer, consiste em ler as mitologias do nosso tempo desde a profusão e mercantilização da imagem mediante o cinema, a TV, o vídeo e agora a navegação cibernética por internet, etc. Realmente estamos assentes na ambiguidade: tanto nos encontramos perante recriações maravilhosas dos mitos "eternos", do bem e do mal: Fausto, o amor e o feminino, a criatividade e a violência..., a comunicação mundial que nos faz contemporâneos do nosso tempo, como descemos à manipulação da informação na mentira de "guerras electrónicas limpas", a ocultação ou dirigismo da opinião, a confusão na avalancha informativa ou o uso da proliferação indiscriminada onde crescem juntamente com as violetas as flores do mal mais pérfidas dos sonhos violentos neofascistas, o crime organizado ou a pederastia.

No fundo deste universo informático, cibernético, desliza uma utopia social que, no mínimo, remete para um mito paradisíaco. O novo messianismo tecnocrático que nos vem das sociedades do nosso tempo fundadas nas engenharias proclama a parusia autogestionária e reconciliadora via internet. Libertar-nos-íamos das nossas sujeições localistas e entraríamos num mundo de arborescências comunicacionais infinitas. Hermes seria agora uma teia de aranha, um *web* sem centro, desmaterializado, ilocalizado, ubíquo, virtual, ilimitadamente extensível. Por ele circularia a infinitude de mensagens e comunicações; a sua imaterialidade vincula-nos numa "religação" que eliminaria toda a outra necessidade de transcendência. Mas seria a "comunidade de comunicação mundial, imediata e imaterial", ou estaríamos perante a pseudosubstituição da comunicação simbólica pelos signos informáticos da razão calculadora? De novo teríamos pretendido substituir o símbolo pelo signo, o intersubjectivo e o sentido pelo técnico e pelo utilitário.

8.3. Vínculo social e mito

Desde os pré-românticos que se vai levantando uma objecção contra toda a pretensa racionalidade pura: a construção da sociedade requer o mito-simbólico. Sem voo simbólico, não existe vínculo social. Mas dizer isto é dizer ainda excessivamente pouco. Temos de assistir ao modo como se articula o mito-simbólico na construção social. Vamos ver algumas das possíveis formas presentes no nosso tempo. Dar-nos-emos conta do poder, persistência e perigosidade do mito.

8.3.1. *O polimitismo actual ou a debilidade de Hermes*

Se os grandes relatos se mostraram meras narrações sem objectividade, contadas não por mor da verdade, mas da capacidade de vinculação social que possuem, então é preciso ter cuidado com os meta-relatos. Podem servir de uniformizadores da opinião e do sentimento, da visão e dos comportamentos ao serviço de um qualquer *duce*, *Führer* ou ditador de turno. O aviso pós-moderno é pertinente: não se deve ser ingénuo frente às visões totalizantes, pois escondem no seu seio, frequentemente, totalitarismos. O exemplo do século XX, o século das mobilizações de massas em prol de ideologias que mostraram a sua face horrível e terrível deve servir de precaução. A mitificação uniformizadora é o começo do totalitarismo e da barbárie.

Podemos pôr em seu lugar, tranquilamente, a alternativa dos pequenos e múltiplos relatos? Podemos substituir o grande relato pela pequena narração temporal e rescindível, que muda, e sem pretensões de legitimidade da totalidade?

Diz-se que ganhamos concreção e respeito pelo indivíduo. A legitimação mediante a narração, que sabe que é narração, não procura fundamentações impossíveis e trata de mobilizar o coração mais do que a razão (Rorty, 1995: 78). Este posicionamento adequa-se à situação de cada pessoa, respeita o indivíduo na sua peculiaridade. Mas, como pergunta Habermas a Rorty, não capitula rapidamente esta razão e não nos deixa excessivamente à mercê da razão da força? Rorty confia pouco na capacidade da razão e demasiado no sentimento. Mas as armadilhas do coração não são menores nem menos graves que as da razão. Este início de milénio está a dar-nos lições: estamos a assistir ao modo como o universal desaparece em benefício do singular, o conceptual nas mãos do sentimento e a inteligibilidade do sentido acaba na embrulhada das mil propostas. Nesta situação, o particularismo reivindica a totalidade do ser — é a nova tirania.

Esta mitologização pós-moderna está longe de fazer justiça ao programa pré-romântico: não está ao serviço das ideias, não é uma mitologia racional. A nova mitologia de hoje está presidida por uma suave volta do arquétipo relacional em torno de Hermes. Parece como se a loucura de Dioniso ficasse circunscrita a um esteticismo presentista, um hedonismo calculado e um experimentalismo euísta melancólico e mutante. A presença deste deus não produz sínteses onde compareçam todos os oximoros da época. Percebe-se uma espécie de depressão cultural perante a esquizofrenia do nosso mundo. A ruptura entre o dinamismo funcional da tecnoeconomia e as tendências de sentido comunitaristas não encontra ligação nem sutura, mas esquizofrenia e depressão. Predomina um certo cansaço e o consumismo da degustação dos múltiplos e mutantes valores, ensaios e ofertas de mercado. Tememos que Hermes, quanto à experiência social, seja um Mercúrio mercantilista, que oferece, na multiplicidade de sensações, a superação ou esquecimento do sentido. O primado pertence mais ao estímulo, à excitação, ao espectáculo, do que ao encontro, à relação e ao sentido. Hermes, nascido dos amores furtivos de Zeus com a ninfa Maia, ambíguo e biunívoco, isotópico e polivalente, é o deus adequado de um tempo em que reina o efémero e a sedução, a moda e um individualismo consumista.

Mesmo uma mitologia ecológica alargada e que aparenta ser exigente e mobilizadora, a das novas relações com Gaia, a defesa da biosfera, a responsabilidade pelas gerações futuras, que postula uma mudança de vida menos consumista e desenvolvimentista, apresenta-se com tons minimalistas e sem impor nenhum esquecimento do eu (Lipovetsky, 1993: 91). Em vez de oferecer a perspectiva mitológica revolucionária da utopia anti-técnica, anti-capitalista, anti-sistema, deparamos com um consumismo "bio": dietética sã, higiene biológica, terapias suaves, turismo verde, enfim, um ecologismo consumista.

8.3.2. A busca do essencial ou o reflexo de Fausto

Vamos constatando que muitos contemporâneos se sentem confusos e perplexos diante da afirmação de um pluralismo de deuses e valores. O mal-estar percebido e a recusa mental destas propostas tornam-se busca de princípios ou propostas para lá dos abalos da história. Entramos nas posições que reflectem fundamentalismos dos nossos dias e sensibilidades que lutam por amarrar o seu barquito a um refúgio ou porto seguro, em vez de deixá-lo à mercê das ondas e correntes do mar aberto.

Estão dadas as condições sociais e culturais para viver buscas, mais ou menos compulsivas, do essencial e irrepetível, isto é, de pontos fixos, visões inamovíveis e verdades atadas às estrelas.

É nesta tonalidade cultural que se situam as construções sociais da realidade inclinadas para mitologias com leituras políticas autoritárias ou de "direita dura". A denominada por F. Jesi (1979; 1987) "a cultura da direita", que na Europa emerge periodicamente, mergulhou sempre as suas posições de rejeição da democracia e do "progressismo" da esquerda no apelo à Tradição. No fundo, encontramos a referência ao Sacrifício, à Raça, à Pátria, à Prova do Amor, ao Mistério, sempre com maiúsculas, elevados a arquétipos essenciais (1979: 38s), que mitificam e no fundo oferecem verdadeiros cultos à Morte, medo ao judeu, destruição cultural. É um estranho canto aos guerreiros de Wotan=Odin, com as suas sociedades secretas machistas, o espírito de Sigfrido que, no dizer de Dumézil, apresentava "uma espécie de congruências preestabelecidas entre o passado e o presente" (1939:153-157). Uma história de sentimentos primitivos e emoções que ajudam a fazer ressurgir um culto ao sangue e ao solo, aos poderes elementares, à Mãe Terra. Uma exaltação dos sentimentos mais duros à custa do amor e da animalidade, à custa da cultura (1939: 144; Levinas, 1998: 71; Ginzburg, 1992: 126s; Duch, 1998: 411s). Desta suspeita não se livram nem sequer os grandes estudiosos do mito, M. Eliade e G. Dumézil.

Talvez tenhamos que seguir as pegadas de Fausto (Rollo May, 1992: 237s; González García, 1992: 188s; Beriain, 1996: 277s), não na versão de Marlowe nem na de Goethe, mas na de Thomas Mann, para encontrar uma mitologia que dê conta das profundas convulsões do século XX e da doença da alma alemã e ocidental. O diagnóstico do *Doctor Faustus* (1990) de Th. Mann é que a doença do século XX é espiritual. Vivemos uma era de desespero e da vida dissoluta que se manifesta na trivialização da arte. Uma criatividade compulsiva que não esteja animada pelo amor leva a uma febrilidade patológica e destrutiva. Se o Fausto de Marlowe e de Goethe pecaram claramente, o primeiro por pretender ser como Deus e o segundo pelo seu afã de poder e sensualidade, o Adriano de Mann não é culpado de nada claro. Talvez a culpa seja da sociedade: vivemos numas estruturas pecaminosas que a todos nos enredam — especialmente o hiperindividualismo ocidental, o titanismo tecnológico, o mercantilismo sem espírito, o esquecimento de Deus. Esta mescla prometeico-fáustica acaba por procurar sucedâneos na psicoterapia, quando afinal o problema é de sentido profundo. Rollo May dirá que "por trás de tudo isto está a nossa repulsa em parar e perguntar: qual é o objectivo desta correria louca?" (1992: 248).

A crise do Ocidente exprime-se no poder destruidor e no desespero presentes no mito de Fausto. É uma versão do arquétipo de Prometeu, que sublinha a produção ambivalente do homem moderno que não pode controlar a história nem o futuro.

8.3.3. *Esgotamento e nostalgia do radicalismo dionisíaco*

O nosso mundo vive sob o lema da globalização — um eufemismo para exprimir a situação de predomínio de um sistema de produção a nível mundial, um mercado com pretensões planetárias e um pensamento justificador neoliberal. Não há alternativa no horizonte. Daí que a oposição ou a mudança radical fiquem sem alento e na obscuridade paralisante do que há. Dioniso, o arquétipo descensional, deus do vinho e da exaltação, precipitado por Hera na loucura, regenerado e liberto, prefigura o escravo dos deuses e o amigo dos mortais, deus do frenesim e da libertação, que, no entanto, unifica e estabelece vínculos de solidariedade social.

Dioniso alberga uma força crítica e um potencial emancipador que esteve presente explicitamente no proto-socialismo dos saintsimonianos e de Pierre Leroux e no anarquismo socialista de G. Landauer e que percorre a utopia marxista e até os sonhos libertadores cristãos, através da proximidade Dioniso-Jesus. Mas Dioniso deambula pela nossa sociedade e cultura numa situação de desalento. Vive mais sob o modo da ausência, na nostalgia de uma mudança social que liberte a nossa sociedade das ataduras do poder opressor do dinheiro e do mercado. Oferece mostras de solidariedade no assistencialismo actual ou nos movimentos a favor do Terceiro Mundo, dos Direitos Humanos, mas carece da capacidade revolucionária do utopismo de há quatro décadas. Mas é um deus que volta sempre de novo. As condições objectivas para o seu regresso estão aí: a exclusão social que fractura as nossas sociedades de bem-estar ocidentais, a tremenda desigualdade entre Norte e Sul, a concentração do capital em cada vez menos mãos, são realidades que clamam pela sua vinda. Talvez o seu re-nascimento seja anunciado por ménades, bacantes ou tiríades furiosas, vindas de outros montes, que passem desconjuntando e devorando o que encontrem na sua passagem.

8.4. Precisamos de uma "nova mitologia"?

Estamos a ver que o mito não está ausente da nossa sociedade. Torna-se mais ou menos visível, muda de arquétipo, mas nunca desaparece. Hoje deambula de novo entre nós. Na opinião de alguns, existem sintomas do seu "retorno". Para outros, como vimos, o mito encontra-se debilitado num tempo de divisão esquizofrénica entre o funcional e o sentido. Dados os problemas da nossa sociedade e cultura, não precisamos de uma "nova mitologia"?

Esta pergunta deve ter uma resposta clara: precisamos de integrar o mito, isto é, o espírito do sentido e a relação social, dentro de uma cultura funcionalista até ao delírio da instrumentalidade e da eficácia. Constatamos permanentemente um défice de solidariedade e de sentido. Mas não precisamos de um "retorno" a uma mitologização que não garanta um *equilíbrio de racionalidades*. Hoje, o perigo é responder ao predomínio da racionalidade funcional — "analítica" teriam dito os pré-românticos, como o jovem Schelling — com outra unilateralidade não menos perigosa: a da absolutização dos comunitarismos de etnia, raça, cultura. Se a "ordem do mito-simbólico" não levar consigo a abertura à "comunidade de comunicação universal" (Apel, Habermas), estaremos certamente na "biologização dos vínculos sociais" ou em qualquer outra irracionalidade. Estamos de acordo com M. Franck, quando responde à questão com uma negação rotunda: "não precisamos de um novo mito e, sobretudo, não precisamos de um novo irracionalismo ou neovitalismo, como clamam em coro numerosos defensores contemporâneos do mito. Precisamos, isso sim, de uma consciência aguda da situação crítica social e cultural cujo diagnóstico é a herança inesquecível da "nova mitologia" dos pré-românticos" (1989: 111).

A nossa época precisa de impulsionar uma polifonia intersubjectiva onde o "mythos" e o "logos" encontrem uma interpenetração ou *coincidentia oppositorum* que nos liberte dos "iluminismos" unilaterais. Lluis Duch (1998: 506) di-lo muito bem, quando apela a "um novo iluminismo de carácter logomítico, isto é, maximamente crítico e maximamente artístico".

9
Urgência da mito-logia

No termo desta viagem pelo mito e sua formas simbólicas, uma ideia ficou adquirida para a nossa conclusão: urge integrar o mito e o logos. Não precisamos de exclusões nem unilateralidades, mas de integrações e assunções equilibradas. A saúde da racionalidade humana, que o mesmo é dizer do próprio ser humano, do mundo social e cultural, depende desta imbricação do sentido e da funcionalidade. A visão filosófico-cultural que nos guiou não pode deixar de postular a urgência desta tarefa. No termo de um milénio e ao iniciar outro, quando se ouvem as vozes mitificadoras da era de Aquário, e o funcionalismo da racionalidade tecnoeconómica neoliberal ameaça impor a sua homogeneização mundial, precisamos da conjunção de ambos e não da sua unilateralidade esquizofrénica. Portanto, só um retorno do mito que se conjugue com o logos científico-técnico e produtivo administrativo, com o pensamneto crítico e da suspeita, pode mediar e re-mediar os problemas do nosso tempo. Daí que a *mitologia*, a implicação de "mythos" e "logos", seja a única proposta realmente racional e viável.

Este capítulo tem a pretensão conclusiva e resumidora de instar a esta tarefa de integração mito-lógica ou da racionalidade simbólica no pluralismo polifónico da razão.

9.1. A realidade proteica do mito

Já vimos que o mito deambula por todos os cantos do humano. Não há realidade que se furte à sua presença clara ou latente. Como dizia Karl Jaspers, "o mito está sempre presente". Daí que o mito escape às pretensões delimitadoras da definição académica e ao rigor e precisão cartesianos. Definir o mito é como pôr portas ao mar ou como pretender dizer de uma vez por todas o que é o ser humano. É inútil querer tanto, ainda que a sua presença que acompanha todo o acontecer humano nos indique já as potencialidades que entesoura e as virtualidades que latem no seu seio.

Esta presença generalizada do mito em toda a realidade humana já nos diz algo sobre as qualidades omniabarcantes do mito. O mito olha para a totalidade e percorre-a. É como uma espécie de energia significativa. Ora, o mito, como vimos, torna-se presente aí onde o homem é sacudido pelas perguntas mais inquietantes. A vida e a morte, o amor e a felicidade, o ser das coisas e o seu próprio ser, enquanto perguntas e inquietações, voltam-se para o mito em demanda de resposta. Melhor, é o coração humano, a alma, como diria Denis de Rougemont, quem procura exprimir e aquietar as suas inquietações. O auxílio do mito proporciona relação de umas questões com outras e de umas respostas com outras; não deixa cabos soltos nem realidades abandonadas.

O mito deita mão dos símbolos e põe-se em movimento narrativo para abarcar com sentido a realidade no seu todo. Constrói mundos imaginários, evocados mais do que descritos, através de arquétipos ou estruturas do inconsciente e de criações tipológicas que são as irrupções dramáticas da alma numa determinada sociedade.

9.2. A experiência humana de ruptura e dilaceração

O mito não seria a linguagem da alma nem desempenharia um papel tão importante, se o ser humano não habitasse um mundo dilacerado e desconjuntado. Não teria nada para unir nem ligar; seria uma função inútil num mundo completo ou em que a evidência da bondade e do sentido estivesse dada à mão ou em que as coisas e os acontecimentos se esgotassem na explicação das dimensões de superfície. Só um mundo próprio e externo, complexo e profundo até ao mistério, permite que os efeitos cheguem aos nossos sentidos antes de os esclarecimentos terem emergido na nossa consciência.

O homem tem a experiência do desgarro e da fractura: está atravessado pela contradição, e a vida e o mundo são realidades desconjuntadas. O homem é assim um ser à procura de integração; é uma pergunta aberta em demanda de resposta; é um arco tenso que aponta sem ter o alvo. Esta experiência da contradição, do mal, da ruptura e do desvio está na raiz do mito. O homem sente-se ameaçado pelo sem sentido. Onde encontrar orientação, vinculação e sentido?

O ser humano depara com uma realidade social, construída por ele, que cada dia se lhe apresenta mais ambígua e mesmo ingovernável. Tem experiência da realidade indomável com que todos os dias convive. Quando menos espera aparecem consequências não queridas e até perversas. Vive no meio do medo generalizado, do risco, e sabe da contingência, da finitude que se crava no seu espírito sob a forma do indisponível.

Apesar da extraordinária penetração das ciências, até a realidade física está rodeada de obscuridade. O cosmos é cada dia mais gigantesco e apresenta um rosto indiferente e mudo que tem muitos gestos de senhor feudal desapiedado e absoluto. "O absolutismo da realidade" (Blumenberg) situa o homem num mundo estranho, desconhecido e incompreensível.

O ser humano precisa que o ajudem a conhecer a origem e o sentido da sua consciência. O homem quer saber se a "vida nua" é o princípio e o fim desta vida, se a incomensurabilidade do cosmos mudo e indiferente é toda a resposta ou se tem sentido o desejo de que "a inanidade não seja a última palavra" (Horkheimer).

O mito dá forma vital ao nosso sentido do eu e do mundo (G. Steiner). É o lado com sentido, simetricamente oposto à experiência da fractura e da desconjunção.

9.3. O sentido, a tarefa do mito

O mito percorre a realidade e ilumina-a. O que era desordem sem sentido e caos começa a ter forma: da palavra originária e mítica surge a ordem e nasce o cosmos. "No princípio", está a razão mito-simbólica — o primeiro passo da razão que procura tomar a seu cargo a realidade e a nomeia. O mito é o "apalavramento" primeiro da realidade. Daí que o mito tenha algo de criador e de primeira iluminação, que põe ordem e dá conta da realidade. A função ordenadora, taxonómica do mito, que coloca as coisas no seu lugar, é já um trabalho de iluminação e conhecimento, um exercício da racionalidade primeira ou primordial sobre a qual assenta qualquer outro trabalho da razão.

Há um trabalho de reflexão que não falta em nenhuma cultura e que, ainda que careça de filosofia, como nos recordará P. Ricoeur, não carecerá de mitologia e de reflexão sobre os paradoxos da vida humana, do poder, da violência, do amor.

Os outros passos vêm depois: a religião e as suas teologias, a metafísica e as suas elucubrações sobre os primeiros princípios das coisas, a filosofia com a sua navalha afiada da suspeita e da crítica permanentes, a ciência e as suas explicações lógico-empíricas. Todos os exercícios racionais vêm depois do primeiro e primordial, de tal modo que de alguma maneira continua a amamentá-los. Não há pensamento sem sem rasto de mito.

Toda esta tarefa da razão que começa com um trabalho mito-simbólico é um processo ingente de dar sentido, de luta contra a ameaça do sem sentido. O homem inicia assim a peregrinação interminável e sempre precária de criar um antimundo reconfortante e seguro, luminoso e cálido, de sentido. Daí que em relação ao conhecimento o que em última análise verdadeiramente importa é como é que as coisas se apresentam, sob que modalidade, com que sentido. Quando esta resposta não existe, todas as explicações estão a mais ou são impotentes, vãs para o verdadeiro interesse vital. E, de alguma maneira, todas as respostas, inclusive as pretensamente assépticas da ciência, são já uma resposta a esta pergunta ou, melhor, à sede e necessidade de sentido.

9.4. O carácter relacional do mito

O mito pretende unir o desconjuntado e separado. No seu dinamismo, o mito responde à ânsia humana de encontrar sentido para o sem sentido, racionalidade para o que se apresenta como irracional, vinculação para os limites separados, chamem-se homem e deus, homem e destino, destino e liberdade, paixão e oblatividade, etc. Frente ao logos, que procura explicar, o mito procura implicar. Na tentativa de dar sentido ao fracturado, o mito implica e liga o cindido — é uma implicação de sentido e sentido de implicação.

O mito apresenta-se, pois, como um relato que relaciona ou re-liga o homem com os seus limites disjuntos. Daí que na raiz da primeiríssima função do mito exista uma implicação de sentido que tem sabor numinoso. O mito religa ou diz como é a realidade tomada radicalmente. Há um raio de revelação no mito. E de união de opostos.

Por esta razão, o mito constrói-se com elementos simbólicos. Quem diz mito diz relação ao símbolo. Daí, de novo, a distinção entre a lógica científica, raciocinante e mensuradora, respeitosa dos princípios lógicos, e a lógica simbólica, qualitativa, analógica, articuladora, evocadora, paradoxal e nada respeitosa dos princípios da lógica habitual. A lógica mito-simbólica é *dualéctica* (Ortiz Osés), baseada na co-implicação do cindido e fracturado. A linguagem mito-simbólica dá conta do ser, da "archê", diriam W. F. Otto e Kérenyi, de como é o ser da realidade. E isso pressupõe, necessariamente, proceder metaforicamente, exprimir algo, o radical e misterioso do ser da realidade "como um ser...", "como um assemelhar-se a...". Quer dizer, trata-se de reconfigurar uma realidade inacessível à descrição directa usando o poder da metáfora, a analogia por referência desdobrada à realidade conhecida. Uma referência inadequada sempre que liberta uma abertura "ao que é", mediante um dizer "como é que" são as coisas na sua realidade última ou com que se parecem, a que é que se assemelham eminentemente.

Ao mito, instalado no âmbito simbólico, pertence, através da sua linguagem relacional, oferecer um relato de fundo ou uma cosmovisão em que todos os elementos ou coisas aparentemente disjuntos encaixem ou tenham o seu lugar. Deste ponto de vista, o mito oferece à religião e a toda a instituição social o horizonte constitutivo de sentido; é como que o quadro em que se insere toda a tarefa humana. Visto desta perspectiva, o mito reforça a função simbólica de sutura, levada a cabo com fios culturais, dessa fissura primeira ou natural em que o homem perdido no mundo aparece colocado. O mito enquanto relação e relato de todas as realidades re-liga-as e dá-lhes sentido, redimindo-as e salvando-as da insignificância e do sem sentido. Daqui o carácter soteriológico, salvador, da mitologia, mas também a sua possível utilização ou queda ideológica e mascaradora da realidade injusta e dolente. Como todo o humano, o mito está atravessado pela ambiguidade, e precisa da vigilância crítica. O mito requer o logos.

9.5. A verdade mito-simbólica

O mito – vimos isso — situa-se fundamentalmente no nível ontológico ou metafísico. Oferece o quadro ou cosmovisão onde assentar com sentido as coisas e a própria vida. Não é, portanto, um contributo para a descrição do mundo, mas para a sua fundamentação e significado. A sua "verdade" não é descritiva nem explicativa das coisas, mas do seu sentido; é, pois, uma "verdade da vida", como dizia R. Pettazzoni, que podemos muito bem entender como "uma verdade de vida" (Ortiz Osés) ou uma "verdade para a vida" e, lembrando o Evangelho de João, "para ter vida". Frente à morte, à fractura, à contradição e ao sem sentido, o mito ergue-se como oferta de vida, mesmo naqueles mitos que levam à morte.

Esta "verdade" tem, portanto, vocação ou veemência ontológica, quer dizer como são na sua ultimidade as coisas e a realidade toda. O conteúdo desta verdade, expresso simbólico-ritualmente, representa a luta entre dois princípios ou séries personificados de opostos até serem integrados no horizonte de um sentido implicativo. A realidade não está abandonada nem desconjuntada; esta situação não é definitiva. O mal não é a última palavra. A multiplicidade desunida tão-pouco é irremediável. Existe unidade última, religação definitiva, salvação.

É claro que permanecerá sempre — deverá permanecer — a reserva frente a um saber da totalidade e do último. Nunca poderá, sem tergiversar, atravessar a barreira do simbólico, do metafórico, do paradoxal, do polissémico, para a univocidade lógico-empírica. Nunca poderá ser tomado como definitivo nas suas analogias ou semelhanças — sempre radicalmente dissemelhantes —, conservará uma abertura radical, própria de todo o conhecimento limitado, próprio de um ser finito sobre aquilo que o supera amplamente, e deve, portanto, manter-se aberto à perfectibilidade e à correcção, à interpretação contínua. Caso contrário, o sentido apontado, co-implicado, torna-se saber indiscutível, impositivo, acto para a intolerância, a manipulação ideológica ou a justificação de qualquer totalitarismo.

9.6. Mito e logos

Estamos demasiado embebidos nas explicações causais, lógico-empíricas, nos tratamentos funcionais, eficazes e pragmático-utilitários; por isso, custa-nos escapar à tirania de um pensamento que se apresenta como o único digno desse nome. Daí que quando nos confrontamos com questões de sentido ou significado temos que, wittgensteinianamente, renunciar a dar explicações e calarmo-nos. Mas, como bem sabia o filósofo vienense, precisamente daquilo de que se não pode falar e a propósito do que, por conseguinte, é preciso calar, é do que mais precisamos de falar. Mais uma vez, este é o paradoxo que envolve a questão do mito, isto é, a questão do sentido radical.

O paradoxo resolve-se, pelo menos em parte, se aceitarmos que efectivamente não podemos dar explicações (científicas, logo-lógicas) do sentido da realidade e da vida, mas podemos reflectir e falar simbolicamente dessa experiência-limite ou dos limites da linguagem. De facto, como lembra P. Ricoeur, a humanidade reflectiu sobre a experiência do nosso sentido da realidade, da vida e os seus múltiplos paradoxos e dramas existenciais sem esperar a chegada da época científico-técnica. Ora, esta reflexão é a que recolhem os mitos. O caminho mito-simbólico é o *iter* seguido pela humanidade quando se confronta com as questões últimas do limite de mundo e da linguagem.

Uma humanidade sã não pode deixar de ter uma vida em que se dão respostas abertas às questões funcionais da vida e também às do sentido. Ambos — sentido e funcionalidade — se requerem mutuamente como as duas mãos, para poderem desenvolver-se de uma forma não defeituosa nem carente de algo fundamental. Não se trata de uma luta de rivais, mas de um complemento fraternal, embora saibamos, nesta era do pluralismo da razão, que a luta pelo domínio da racionalidade pôs frequentemente frente a frente a funcionalidade e o sentido.

Já não é possível sonhar com a razão una. A razão manifesta-se-nos hoje no pluralismo das suas dimensões; por isso mesmo, não se pode confundir uma dimensão com o todo. A vida, o seu sentido, têm exigências que escapam ao mero jogo da racionalidade unidimensional. Por isso precisamos de um exercício complementar das diversas dimensões da razão. Não podemos especialmente prescindir da resposta às interrogações pelo sentido da realidade. Sem dúvida, toda a crítica moderna da razão e da metafísica nos tornou sensíveis ao modo, alcance e limitações desta reflexão e linguagem — isto mesmo aconteceu com o mito —, mas não podemos cancelá-lo com a autosuficiência do simplismo arrogante funcionalista. O ser humano persiste na pergunta pelo sentido das coisas, para lá das respostas tecnocientíficas. Se não quisermos deixar num silêncio impossível e redutor e impositivo esta exigência humana, temos que deixar-lhe espaço e habilitar um âmbito para a comunicação e para a linguagem, para poder exprimir esta necessidade humana. Esta fala não corresponde aos critérios do paradigma científico, mas, com excepção daqueles para quem este dado basta para emitir um juízo desqualificador condenatório, encontramo-nos perante uma linguagem e um pensamento que exigem toda a vigilância crítica, mas que não podemos eliminar como irracionais ou um despropósito arcaico ou infantil. Mais ainda, cresce a suspeita da sua necessidade imperiosa para poder manter um ser humano e uma cultura dentro do âmbito da saúde e do equilíbrio, isto é, da humanidade real.

Ao aceitar o pensamento mito-simbólico como fundamental da condição humana e da sua saúde, não esquecemos nem ocultamos que nos movemos no âmbito da crença, isto é, da confiança. Não podemos remeter-nos para a certeza proporcionada pela racionalidade científica e até filosófica, já que nos movemos no âmbito dos anseios e das esperanças, da fiabilidade e da fiança e da confiança. Como viu Derrida, este parece que é o horizonte da vida humana sobre o qual se constrói o resto do complexo institucional e do pensamento. Daí a presença iludível do mítico no mais fundo do humano.

9.7. O esquecimento actual do sentido

O nosso momento presente vive uma crise de sentido. Assistimos a um obscurecimento de significatividade da realidade. Sabemos muito das coisas à mão e pouco do seu sentido. Estamos cada vez mais rodeados de máquinas e quinquilharias que manejamos com facilidade e não sabemos como orientar a vida ou para que serve, em última análise, tal cúmulo de instrumentos. Vivemos a superabundância do instrumental a ponto de nos afogarmos na funcionalidade e não sabermos para que é que vivemos. Neste momento da globalização neoliberal, quando avança imparável a homogeneização planetária, funcional, do saber tecnocientífico e da produção do mercado, corremos o risco de assistir a uma "má mitificação" ou mitologização desta racionalidade desertificadora do sentido. O mercado, a ciência, o sistema produtivo tornam-se "mitos". O mito transforma-se no que a Escola de Frankfurt chamou uma naturalização ou coisificação da realidade: uma espécie de exaltação numinosa que subtrai essa realidade à crítica. Temos então uma falsa e má sutura da realidade desconjuntada, que termina numa caricatura da reconciliação. Só resta a aceitação, a veneração, a submissão.

A actual situação sócio-cultural referida ao mito mostra-se ambivalente: por uma lado, acusamos a sua ausência ou não presença, que nos leva a lamentar o seu obscurecimento, carência de processos de iniciação e guia para a juventude, inexistência de modelos ou referentes de sentido, e, por outro, encontramo-nos num momento apto para o aparecimento e abuso de mitologias que respondam a essa sede humana de orientação e sentido, de calor religador e de lar. Mas como já nos avisou reiteradamente K. Kerényi, é preciso suspeitar dos mitos construídos ad hoc. O empreendimento mítico, como praticamente todos os do sentido profundo, prostitui-se e degenera quando se comercializa na manufactura em série ou na resposta ideologizante.

O nosso presente está necessitado de mitos e, por isso, é proclive ao polimitismo e à comercialização mitológica. É esta uma das perversões que ameaçam uma sã recuperação do mito, que deveria ocorrer sempre "dentro da razão", isto é, da equilibrada racionalidade humana.

Em suma, o momento oferece mitologias, quando o que se pede é a recuperação profunda do mito que avive experiências religadoras e humanitárias profundas plenas de tolerância e solidariedade.

9.8. Retorno ou assunção do mito?

Pelo que fomos vendo, o mito é uma realidade presente na nossa vida e cultura. Podemos ser mais ou menos conscientes da sua presença, mas vivemos sempre envoltos pelo mito ou regados pelos seus aquíferos. Mas também vimos que o mito se move desde as camadas profundas e arquetipais do inconsciente até às figuras que exprimem a irrupção das forças da alma num momento determinado. Segundo alguns, a nossa época vive sob a égide ambivalente de Hermes: um equilíbrio instável entre caos e cosmos, água e fogo, razão e irracionalidade, saúde e doença, vida e morte. Segundo esta imagem, numa estrutura de oposição e complementaridade, tudo é possível, mas estamos chamados à mediação dos opostos e à fraternização das polaridades.

A imagem de Hermes, acertemos ou não no diagnóstico arquetípico da época, serve-nos para postular o que permanentementte aparece à nossa reflexão: a necessidade de unir a racionalidade científico-técnica com o seu dinamismo aplicado à produção que invade o planeta e o sentido que brota dos fundos das tradições e da vivência interpessoal do encontro entre os humanos. Como se conjuga a economia com o sentido, o funcional e o comunitário, a tecnociência e a religiosidade críticas?

Saber responder a estas questões equivale a superar a esquizofrenia do nosso tempo, isto é, a ruptura sócio-cultural e anímica dos seres humanos que vivem neste início de milénio. Se o mito é algo mais do que uma estratégia de manipulação de sentido e é, sobretudo, a busca permanente de significado e orientação cultural e pessoal num mundo não redimido, por seres humanos necessitados de reconciliação, então precisamos que a vara de Hermes tenha um eixo central sobre o qual se movam as racionalidades complementares do funcional, estratégico, crítico, interpretativo, simbólico. Uma polifonia ou multifacetismo em vez da tonalidade unilateral de uma só dimensão. Este é o desafio e a tarefa.

BIBLIOGRAFIA

Acevedo, C. (1993): *Mito y conocimiento*, Univ. Iberoamericana, México D. F.
Adorno, T. W. (1975): *Minima moralia*, Monte Ávila, Caracas.
Albert, K. (1980): *Traktat über kritische Vernunft*, Mohr, Tübingen (4.ª ed.).
— (1982): *Vom Kult zum Logos. Studien zur Philosophie der Religion*, Felix Meiner, Hamburg.
Amengual, G. (1998): *Modernidad y crisis del sujeto*, Caparrós, Madrid.
Antiseri, D. (1994): *Teoria della Razionalità e Ragioni della Fede*, São Paolo, Milano.
Arby, M. A. e Mary Hesse (1986): *The Construction of Reality*, Cambridge Univ. Press, Cambridge, London, N. Y., Melbourne.
Arendt, H. (1989): *La crisis de la cultura*, Barcelona.
Au, W. E Cannon, N. (1999): *Anhelos del corazón*, Desclée, Bilbao.
Auden, W. H. (1996): *Gracias. Niebla*, Pré-textos, València.
Bachofeen, J. J. (1988): *Mitología arcaica y derecho materno*, Anthropos, Barcelona.
Beck, U. (1998): *La sociedad del riesgo*, Paidós, Barcelona.
— Com Giddens, A. e Lash, S. (1997): *Modernización reflexiva. Política, tradición y estética en el orden social moderno*, Alianza, Madrid.
Berger, P. E Luckmann, T. (1974): *La construcción social de la realidad*, Amorrortu, Buenos Aires.
Berger, P. (1990): *La revolución capitalista*, Península, Barcelona.
Beriain, J. (1996): *La integración en las sociedades modernas*, Anthropos, Barcelona.
Blumenberg, H. (1979): *Arbeit am Mythos*, Suhrkamp, Frankfurt M.
— (1992): *La inquietud que atraviesa el río*, Península, Barcelona.
— (1981a): *Die Genesis der kopernikanischen Welt*, Suhrkamp, Frankfurt M. 3 vol.
— (1981b): *Die Lesbarkeit der Welt*, Suhrkamp, Frankfurt M.

Bölle, K. W. (1987): "Myth (An Overview)", in M. Eliade (ed.), *Encyclopedia of Religion*, MacMillan, N. Y., London, vol. 10, 261-273.

Borkenau, F. (1981): *End and Beginning. On the Generations of Cultures and the Origins of the West* (ed. E introd. De R. Lowenthal), Columbia Univ. Press, N. Y.

Brison, L. (1996): *Einführung in die Philosophie des Mythos, Band 1: Antike, Mittelalter und Renaissance*, WG, Darmstadt.

Bultmann, R. (1970): *Jesucristo y mitología*, Ariel, Esplugues de Llobregat.

— (1974): *Historia y Escatología*, Studium, Madrid.

— (1964): *Jesus*, Mohr, Tübingen.

Caillois, R. (1942): *El hombre y lo sagrado*, FCE, México (reimpr. 1984).

— (1988): *El mito y el hombre*, FCE, México (1ª reimpr. 1993).

Campbell, J. (ed.) (1997): *Mitos, sueños y religión*, Kairós, Barcelona.

— (1991): *El poder del mito*, Emece, Barcelona.

— (1994*)*: *El mito*, Kairós, Barcelona.

— (1997): *Las máscaras de Dios*, Alianza, Madrid, 5 vol.

Carballo, Rof (1996): *Violencia y ternura*, Prensa Española, Madrid.

— (1961) *Urdimbre afectiva e enfermedad*, Labor, Barcelona.

Carccia, G. (1991): "Introduzione all'edizione italiana de *Elaborazione del mito*, Il Mulino, Bologna.

Caro Baroja, J. (1981): *De la superstición al ateísmo. Meditaciones antropológicas*, Taurus, Madrid.

Cassin, E. (1996): "Mesopotamia", in I. Bonnefoy, *Diccionario de las mitologías*, vol. I, Destino, Barcelona.

Cassirer, E. (1994): *Antropología filosófica*, FCE, Méxco (16 reimpr.)

— (1976): *Filosofía de las formas simbólicas*, FCE, México (2ª ed. 1998).

— (1989): *Essencia y efecto del concepto de símbolo*, FCE, México, 1ª reimpr.

— (1968): *El mito del Estado*, FCE, México, 2ª ed.

Cazeneve, J. (1972): *Sociología del rito*, Amorrortu, Buenos Aires.

Cencillo, L. (1998): *Los mitos, sus mundos y su verdad*, BAC, Madrid.

Cioran, E. M. (1987): *Histoire et utopie*, Paris.

Coelho, P. (1988), *El alquimista*, Buenos Aires.

Cornford, F. M. (1987): *Principium Sapientiae. Los orígenes del pensamiento filosófico griego*, Visor, Madrid.

Debray, R. (1996): *El arcaísmo postmoderno*, Manantial, Buenos Aires.

BIBLIOGRAFIA

Derrida, J. (1996): "Fe y saber. Las dos fuentes de la religión en los límites de la mera razón", in: id, com J. Vattimo, E. Trías (edd.), *La religión*, PPC, Madrid.
— (1984): *De la grammatologie*, Minuit, Paris 1964 (Trad. Cast. Siglo XXI, México).
Detienne, M. (1985): *La invención de la mitología*, Península, Barcelona.
— (1990): *La escritura de Orfeo*, Península, Barcelona.
Dierken, J. (1994): "Die Logik der Entmythologisierung. R. Bultmann existentiale Interpretation als rationale Grundlegung mythischen Redens", in E. Rudolph, *Mythos zwischen Theologie und Philosophie*, 48-76.
Díez de Velasco, F. (1997): "El mito y la realidad" in idem, com M. Martínez, A. Tejera (eds.), *Realidad y mito*, E. Clásicas, Madrid.
Driver, T. F. (1991): *The Magicc of Ritual*, Harper, S. Francisco.
Drewermann, E. (1985[a]): "Exégesis y psicología profunda", *Selecciones de Teología*, 96, 293-303.
— *Tiefenpsychologie und Exegese*, Walter, Olten-Freiburg B., vol. I e II, 1984 e 1985b.
— (1996): *Psicoanálisis y teología moral*, Desclée, Bilbao, três vol.
— 1995): *Tu nombre es como el sabor de la vida. El relato de la infancia de Jesús según el evangelio de Lucas: una interpretación psicoanalítica*, Círculo de Lectores, Barcelona.
Duch, Lluis (1998): *Mito, interpretación y cultura*, Herder, Barcelona.
Dumézil, G. (1984): "Del mito a la Historia", in A. Al-Azmeh e outros, *Historia y diversidad de las culturas*, Baarcelona.
— (1989): *Escitas e osetas. Mitología y Sociedad*, FCE, México (1[a] reimpr. 1996).
— (1958*)*: *L'idéologie tripartie des Indo-Européens*, Bruxelas.
— (1939*)*: *Mites et dieux des Germains*, Paris.
Dundes, A. (ed.) (1984): *Sacred Narrative*, Univ. Califórnia, Univ. Press, Berkeley, Los Angeles, London.
Durand, G. (1971): *La imaginación simbólica*, Amorrortu, Buenos Aires.
— (1960): *Les structures anthropologiques de l'imaginaire*, Dunod, Paris (11[a] ed. 1992).
— (1981): *L'âme tigrée. Les pluriels de psyché*, Denöel, Paris.
— (1994): *L'imaginaire*, Hatier, Paris.
— (1996): *Introduction à la Mythologie*, Albin Michel, Paris.

193

— (1993): *De la mitocrítica al mitoanálisis*, Anthropos, Barcelona.
Eco, U. (1990): *Semiótica y filosofía del lenguaje*, Lúmen, Barcelona.
Eliade, M. (1961): *Mito y realidad*, Guadarrama, Madrid.
— (1996): "Aproximación a una definición de mito", in I. Bonnefoy (ed.), *Diccionario de las mitologías*, Destino, Barcelona, vol. I, 55-60.
(1956): "La vertu créatrice du mythe", *Eranos Jahrbuch*, Rhein Verlag, Zürich 1957, vol. XXV, 59-85.
— (1986): *Iniciaciones místicas*, Taurus, Madrid.
— (1991): *Los mitos del mundo contemporáneo*, Almagesto, Bienos Aires.
— (ed.) (1987): *Encyclopedia of Religion*, MacMillan, N. Y., London, 16 vol.
Fernández Buey, F. (1991): *La ilusión del método. Ideas para un racionalismo bien temperado*, Crítica, Barcelona.
Feyerabend, P. K. (1981): *Tratado contra el método. Esquema de una teoría anarquista del conocimiento*. Tecnos, Madrid.
— (1982): *La ciencia en una sociedad libre*, Siglo XXI, Madrid.
— (1984): *Adiós a la razón*, Tecnos, Madrid.
— (1985): *Por qué no Platón?*, Tecnos, Madrid.
— (1999): *Ambigüedad y armonía*, Paidós, Barcelona, Buenos Aires, México.
Filippani-Ronconi, P. (1997): "Symbols and the Creative Imagination", *Eranos Yearbook*, 45-47.
Finkelkraut, A. (1998): *La humanidad perdida. Ensayo sobre el s. XX*, Anagrama, Barcelona.
Fischer, R. (1998): *El caballero de la armadura oxidada*, Obelisco, Bacelona (30ª ed.).
Frank, M. (1989): *Kaltes Herz Unendliche Fahrt. Neue Mythologie*, Suhrkamp, Frankfurt.
— (1982): *Der kommende Gott. Vorlesungen über die Neue Mythologie*, Suhrkamp, Frankfurt.
Garagalza, L. (1990): *La interpretación de los símbolos. Hermenéutica y lenguaje en la filosofía actual*, Anthropos, Barcelona.
Gaos, J. (1986): *Introducción a Ser y Tiempo de Martin Heidegger*, FCE, México.
Garcia Gual, C. (1976): "Interpretaciones actuales de la mitología antigua", *Cuadernos Hispanoamericanos*, 313: 123-140.
— (1992): *Introducción a la mitología griega*, Alianza, Madrid.
Geertz, C. (1990): *La interpretación de las culturas*, Gedisa, Barcelona.

BIBLIOGRAFIA

Gennep, van A. (1986): *Los ritos de paso*, Taurus, Madrid.
Ginzburg, C. (1992): *Clues, Myths and the Historical Method*, J. Hopkins Univ. Ress, Baltimore.
Girard, R. (1982): *El misterio de nuestro mundo, Sígueme*, Salamanca.
— (1985): *Mentira romántica, verdad novelesca*, Anagrama, Barcelona.
— (1983): *La violencia y lo sagrado*, Anagrama, Barcelona.
— (1996): *Cuando comiencen a suceder estas cosas... Conversaciones con M. Trequer*, Ed. Encuentro, Madrid.
— (1998): "Las razones de la violencia", *Lo Straniero* 2: 6-13.
— (1989): *La ruta de los hombres perversos*, Anagrama, Barcelona.
González Garcia, J. M. (1992): *Las huellas de Fausto*, Tecnos, Madrid.
Habermas,, J. (1989a): *El discurso filosófico de la modernidad*, Taurus, Madrid.
— (1987): *Teoría de la acción comunicativa*, Taurus, Madrid, 2 vol.
— (1989b): *Teoría de la acción comunicativa: complementos y estudios previos*, Cátedra, Madrid.
— (1990): *Pensamiento postmetafísico*, Taurus, Madrid.
— (1997): *Vom sinnlichen Eindruck zum symbolischen Ausdruck*, Suhrkamp, Frankfurt M.
— (1975): *Perfiles filosófico-políticos*, Taurus, Madrid.
— (1994): "Israel y Atenas o a quién pertenece la razón anamnética? Sobre la unidad en la diversidad multicultural", *Isegoria*, 10: 107-117.
Harrelson, W. (1987): "Myth and Ritual School", in M. Eliade (ed.), *Encyclopedia of Religion*, o. c., vol 10, 282-85.
Hesse, Mary (1980): *Revolutions and Reconstructions in the Philosophy of Science*, Harvester Press, Brighton.
Hillman, J. (1999): *Re-imaginar la psicología*, Siruela, Madrid.
Horkheimer, M. e Adorno, T. (1994): *Dialéctica de la Ilustración. Fragmentos filosóficos*, Trotta, Madrid.
Horkheimeer, M. (1973): *Crítica de la razón instrumental*, Sur, Buenos Aires.
Hübner, K. (1981): *Crítica de la razón científica*, Alfa, Barcelona.
— (1985): *Die Wahrheit des Mythos*, Münche.
— com Vuillemin (ed.) (1983): *Wissenchaftliche und nichtwissenscchaftliche Rationalität. Ein deutsch-französich Kolloquium*, Bas Cannstatt, Stuttgart.
Jamme, C. (1991a): "Gott an hat ein Gewand". *Grenzen und Perspektiven philosophischer Mythos. Theorien der Gegenwart*, Suhrkamp, Frankfurt M.

— (1991b): *Einführung in die Philosophie des Mythos*, Band 2: *Neuzeit und Gegenwart*, WB, Darmstadt (Trad. Castellana, *Mito*, Paidós, Barcelona 1999).

Jesi, F. (1979): *Cultura di destra*, Garzanti, Milano (1973).

Johnson, C. (1998): *Derrida*, Norma, Bogotá.

Jolles, A. (1967): "Mythe", in Kerényi (Hrg.), *Die Eröffnung des Zugangs zum Mythos*, WBG, Darmstadt (1996, 5ª ed.).

Jung, C. G. (1994): *Tipos psicológicos*, Edhasa, Barcelona (2ª ed.).

— (1998): *Respuesta a Job*, FCE, Méxco 4ª reimpr.

— (1976): *El hombre y sus símbolos*, Caralt, Barcelona (5ª ed. 1992).

— (1981): *Psicología y religión*, Paidós, México,, Buenos Aires, Barcelona.

— (1962): *Simbología del espíritu*, FCE, México (4ª reimpr. 1994).

— (1999): *Recuerdos, sueños, pensamientos*, Seix Borral, Madrid.

Kaegi, D. (1994): "E. Cassirer: Über Mythos und Symbolische Form", in E. Rudolph (ed.), *Mythos zwischen Philosophie und Theologie*, 167-201.

Kast, V. (1998): *Ali Babá y los cuarenta ladrones*, Desclée, Bilbao.

Kerényi, K. (1967): "Wesen und Gegenwärtigkeit des Mythos", in idem (ed.), *Die Eröffnung des Zugangs zum Mythos*, WGD, Darmstadt (5ª ed. 1996).

— (1942): "Mythologie und Gnosis", *Eranos Jahrbuch*, 1940/41, Rhein Verlag, Zürich, 157-229.

Kirk, G. S. (1973): *El mito: su significado y funciones en las distintas culturas*, Paidós, Barcelona.

Kolakowski, L. (1990): *La presencia del mito*, Cátedra, Madrid.

Kuhlmann, H. (1994): "Lustreise zum Sinn. Über einige Aspekte der Mythologie der Aufklärung", in E. Rudolph (ed.), *Mythos zwischen Theologie und Philosophie*.

Kuhn, T. S. (1971): *La estructura de las revoluciones científicas*, FCE, México (orig.1962).

— (1978): *Segundos pensamientos sobre paradigmas*. Taurus, Madrid.

— (1983): *La tensión esencial*, FCE, México.

Leach, E. (1987): "Structuralism", in M. Eliade (ed.), *Encyclopedia of Religion*, vol. 7, 54-64.

Lévi-Strauss e Eribon, D. (1990): *De cerca y de lejos*, Alianza, Madrid.

— (1987): *Mito y significado*, Alianza, Madrid.

— (1968): *Antropología estructural*, Eudeba, Buenos Aires.

BIBLIOGRAFIA

— (1983): *Mitológicas IV. El hombre desnudo*, Siglo XXI, Madrid (3ª ed.).
— (1964): *El pensamiento selvaje*, FCE, México.
Levinas, E. (1998): "Algunas reflexiones sobre la filosofia del hitlerismo", in M. Beltrán, J. M. Mardones, R. Mate (eds), *Judaísmo y límites de la modernidad*, Riopiedras, Barcelona.
— (1988): *Autrement que savoir. E. Levinas*, Osiris, Paris.
Lipovvetsky, G. (1993): "Cultura de la conservación y sociedad postmoderna", Fundación Banesto (ed.), *La cultura de la conservación*, Madrid, 78-93.
Lubac, H. (1989-80): *La posterité spirituelle de Joachim de Fiore*, Lethielleux, 2 vol.
Lyotard, J. F. (1984): *La condición postmoderna*, Cátedra, Madrid.
Mann, T. (1990): *Doctor Faustus*, Plaza y Janés, Barcelona.
Mardones, J. M. (1998): *El discurso religioso de la modernidad. Habermas y la religión*, Anthropos, Barcelona.
— (1998): "La ilustración de los frankfurtianos", in M. Beltrán, J. M. Mardones, R. Mate (eds), *Judaísmo y límites de la modernidad*, Riopiedrass, Barcelona, 241-49.
— (1985): *Razón comunicativa y Teoría Crítica*, Univ. del País Basco, Bilbao.
— (1991): *Filosofía de las Ciencias Sociales: Materiales para una fundamentación científica*, Anthropos, Barcelona (1ª reimpr. 1994).
Martín Velasco, J. (1999): *El fenómeno místico. Estudio comparado*, Trotta, Madrid.
Martínez, M. (1997): "Islas míticas" in F. Díez de Velasco, M. Martínez, A. Tejera (eds.), *Realidad y mito*, Ed. Clásicas, Madrid.
Mate, R. (1997): *Memoria de Occidente. Actualidad de pensadores judíos olvidados*, Anthropos, Barcelona.
May, Rollo (1992): *La necesidad del mito. La influencia de los modelos culturales en el mundo contemporáneo*, Paidós, Barcelona.
Mayr, F. K. (1989): *La mitologia occidental*, Anthropos, Barcelona.
Metz., J. B. (1989): "Anamnetische Vernunft, Anmerkungen eines Theologen zur Krise der Geisteswissenschaften" in A. Honneth, T. McCarthy, C. Offe e A. Wellmer, *Zwischenbetrachtungen. Im Prozess der Aufklärung. J. Habermas zum 60. Geburtstag*, Suhrkamp, Frankfurt M. 733-39.
Mauss, M. (1971): *Sociología y Antropología*, Tecnos, Madrid (reimpr. 1979).
Monk, R. (1994): *L. Wittgenstein. El deber de un genio*. Anagrama, Barcelona.

Neumann, E. (1973): *Origins and History of Consciousness*, Bollinger Series, Princeton Univ. Press, Princeton, NJ (3ª ed.).
— (1956): *Die Grosse Mutter*, Rhein, Zürich.
— (1990): *Tiefenpsychologie und neue Ethik*, Fischer, Frankfurt M.
— (1960): "Das Bild des Menschen in Krise und Erneuerung", *Eranos Jahrbuch*, vol. XXVIII (1959), Rhein Verlag, Zürich, 7-47.
— (1994): "La conciencia matriarcal", in K. Kerényi, G. Scholem e J. Hillman, *Arquetipos y símbolos colectivos. Círculo Eranos I*, Anthropos, Barcelona, 51-96.
Nietzsche, F. (1981): *Voluntad de poderío*, Edaf, Madrid.
Ortiz Osés, A. (1996): *La diosa Madre. Interpretación desde la mitología vasca*, Trotta, Madrid.
— com Lanceros, P. (eds.) (1997): *Diccionario de Hermenéutica*, Univ. De Deusto, Bilbao.
Otto, W. F. (1967): "Die Sprache als Mythos" ", in K. Kerényi (ed.), *Die Eröffnung des Zugangs zum Mythos*, o. C. 279-89.
— (1963): *Die Wirklichkeit der Götter*, Rohwolt. München.
— (1997): *Dioniso. Mito y culto*, Siruela, Madrid.
Panikkar, R. (1994a): "Símbolo y simbolización. La diferencia simbólica. Para una lectura intercultural del símbolo", in K. Kerényi, G. Scholem, J. Hillman, *Arquetipos y símbolos colectivos. Círculo Eranos I*, Anthropos, Barcelona, 383--413.
— (1994b): *Pensamiento científico y pensamiento cristiano*, Cuadernos Fe y Secularidad, Sal Terrae, Santander.
— (1989): "Mythos und Logos. Mythologische und rationale Weltsichten", in H. Peter Dürr, W. Ch. Zimmerli (Hrg.), *Geist und Natur. Über den Widerspruch zwischen naturwissenschaftlicher Erkenntnis und philosophische Welterfahrung*, Scherr, 206-220.
— (1983): *Myth, Faith and Hermeneutic. Cross Cultural Studies*, Asian Trading Corp., Bangalore.
— (1993): *La nueva inocencia*, Verbo Divino, Estella.
— (1996): "Peregrinación al Kailása y Mánasasaras", *Concilium*, 266: 663-70.
Paetzold, H. (1995): *E. Cassirer. Vom Marburg nach New York. Eine philosophische Biographie*. WB. Darmstadt.
Pettazzoni, R. (1984): "The Truth of Myth", in A. Dundes (ed.), *Sacred Narrative*, Univ. California Univ. Press, Berkeley, Los Angeles, London, 98-109.

BIBLIOGRAFIA

Rank, O. (1991): *El mito del nacimiento del héroe*, Paidós, Barcelona, Buenos Aires.
Ricoeur, P. (1970): *Freud: una interpretación de la cultura*, Siglo XXI, México.
— (1987): "Myth and History", in M. Eliade (ed.), *Encyclopedia of Religion*, McMillan N.Y., London, vol 10, 273-82.
— (1990): "Mythe" (L'interprétation philosophique), in: *Encyclopaedia Universalis*, XV, Paris.
— (1984): *Educación y Política*, Docencia, Buenos Aires.
— Com Changeux, J. P. (1999): *Lo que nos hace pensar. La naturaleza y la regla*, Península, Barcelona.
Rorty, R. (1995): "Derechos humanos, racionalidad y sentimentalismo" in T. Abraham, A. Badiou, R. Rorty, *Batallas éticas*, ed. Nueva Vision. Buenos Aires, 59-80.
Rudolph, E. (ed.) (1994), *Mythos zwischen Philosophie und Theologie*, WG, Darmstadt.
Ruiz Yamusa, E. (1986): *El mito como estructura formal en Platón*, Univ. De Sevilla.
Sábato, E. (1999): *Antes del fin*, Seix Barral, Barcelona.
Safranski, R. (1997): *Un maestro en Alemania. M. Heidegger y su tiempo*, Tusquets, Barcelona.
Sartre, J. P. e Levy, B. (1980): *L'espoir maintenant*, Paris.
Schelling, F. (1958-1960): *Einleitung in die Philosophie der Mythologie*, in *Schelling's Werke*, Z. H. Beck, München.
Schlüter, A. M. (1997): *El camino del despertar en los cuentos*, PPC, Madrid.
Schwemmer (1987): *Handlung und Struktur. Zur Wissenschaftstheorie der Kulturwissenschaften*, Suhrkamp, Frankfurt M.
Scott Littleton, C. (1987): "Indo-european Religion: History at Study", in M. Eliade (ed.), *The Encyclopedia of Religion*, MacMillan, N. Y., London, vol. 14, 204-213.
Segal, R. A. (1984): "Joseph Campbell's Theory of Myth" in A. Dundes (ed.), *Sacred Narrative*, Univ. California Univ. Press, Berkeley, Los Angeles, London, 256-269.
Searle, J. R. (1998): *La construcción de la realidad social*, Paidós, Barcelona.
Servier, J. (1979): "Mythes, symboles et figures divinatoires en Occident et dans les civilisations traditionelles", *Eranos Jahrbuch*, Insel Verlag, Frankfurt 1981, 325-372.

Steiner, G. (1997): *Pasión intacta*, Siruela, Madrid.
— (1996): *Antígonas. Una poética y una filosofia de la lectura*, Gedisa, Barcelona.
— (1991): *Presencias reales*, Destino, Barcelona.
Sucasas, J. A. (1998): "Levinas, una ética judia", in M. Beltrán, J. Mardones e R. Mate (eds.), *Judaísmo y límites de la modernidad*, 135-143.
Todorov, T. (1992): *Simbolismo e interpretación*, Monte Avila, Caracas (2ª ed.).
Turner, V. (1988): *El proceso ritual*, Taurus, Madrid.
— Com Turner, E. (1978): *Image and Pilgrimage in Christian Culture*, Columbia Univ. Press, N. Y.
Underwood, R. A. (1997): "El mito, los sueños y la vocación de la filosofía contemporánea", in J. Campbell (ed.), *Mitos, sueños y religión*.
Verjat, A. (1997): "Hermes", in A. Ortís, P. Lanceros (ed.), *Diccionario de Hermenéutica*, 287-94.
— (Ed.) (1989*)*: *El retorno de Hermes. Hermenéutica y Ciencias Humanas*, Anthropos, Barcelona.
Vernant, J. P. (1982): *Mito y sociedad en la Grecia antigua*, Siglo XXI, Madrid (3ª ed. 1994).
— (1993): *Mito y pensamiento en la Grecia antigua*, Ariel, Barcelona (3ª ed.).
Villacañas (1998): "Mito e Ilustración. Continuidades. Un comentário a la *Dialéctica de la Ilustración*", in *Teoría/Crítica* (Univ. De Alicante), 4: 11-43.
Wetz, F. J. (1996): *Hans Blumenberg. La modernidad y sus metáforas*, Novatores, Alfons el Magnànim,Valencia.
Zahrnt, H. (11972): *A vueltas con Dios. La teología protestante en el siglo XX*, Hechos y Dichos, Zaragoza.
Zamora, J. A. (1996): *Religião após o seu final: Adorno versus Habermas*, Cuadernos Ifan, Bragança Paulista SP, Univ. S. Francisco.

Títulos publicados nesta colecção:

Filosofia dos Valores, Johannes Hessen
Os Problemas da Filosofia, Bertrand Russel
A Justiça e o Direito Natural, Hans Kelsen
A Filosofia dos Valores, Jean Paul Resweber
Introdução à Metodologia da Ciência, Javier Echeverrìa
Corpo e Alma, Pedro Laín Entralgo
A Desumanização da Arte, José Ortega y Gasset
Conjecturas e Refutações, Karl Popper
Homo Aestheticus, Luc Ferry
Os Mestres da Humanidade, Karl Jaspers
Deus, a Morte e O Tempo, Emmanuel Lévinas
Pensamento Pós-Metafísico, Jürgen Habermas
As Duas Fontes da Moral e da Religião, Henri Bergson

ÍNDICE

Prólogo à edição portuguesa 5
Introdução 13

PARTE I:
SÍMBOLO E MITO

1. O símbolo. O mito no âmbito do símbolo 23
   1. O símbolo 23
      1.1.1. *A sombra de Aristóteles* 24
      1.1.2. *O sentido indirecto e figurado* 25
      1.1.3. *A estética romântica e o símbolo* 26
   1.2. O modo simbólico 28
      1.2.1. *O pensamento do modo simbólico* 28
      1.2.2. *Traços característicos do conhecimento simbólico* 29
      1.2.3. *O símbolo como linguagem social* 33
      1.2.4. *O símbolo como experiência "psíquica do numinoso"* 34
   1.3. A modo de conclusão 36

2. O mito como narração simbólica 37
   2.1. A concepção popular 38
   2.2. A palavra "mythos 39
   2.3. A narração do tempo primordial 40
   2.4. A estrutura linguística do mito e os seus problemas 43
   2.5. As funções do mito 45
      2.5.1. *O mito vinculado ao rito* 45
      2.5.2. *Funções gerais do mito* 47
      2.5.3. *Funções sociais da palavra em processo* 48
   2.6. O mito como expressão do inconsciente 49

2.7. Conclusão 51

PARTE II:
AS DIMENSÕES DO MITO

3. **Mito. História e realidade** 55
   3.1. O mito e a história: uma união estreita e irresolúvel 55
       3.1.1. *O mito usa e transmite dados históricos de fundo* 56
       3.1.2. *O sentido da história* 57
       3.1.3. *A história: o mito do Ocidente* 60
   3.2. O mito e a estrutura social 63
   3.3. Mito e realidade 64

4. **Mito e conhecimento** 67
   4.1. O mito como discurso narrado ordenador 67
   4.2. A forma de conhecimento mítica 68
       4.2.1. *A forma simbólica do mito* 68
       4.2.2. *A racionalidade do mito* 70
   4.3. O fundo estrutural do pensamento 72
   4.4. A superação iluminista do mito 75
       4.4.1. *Desencantamento do mundo e linguisticização racionalizadora* 75
       4.4.2. *Mito e discurso* 78
       4.4.3. *Pressupostos discutíveis* 79
   4.5. A persistência do mito 81
       4.5.1. *O mito como o trabalho de distância do absolutismo da realidade* ... 81
       4.5.2. *A imaginação simbólica* 84
   4.6. A racionalidade simbólica: uma proposta 86
       4.6.1. *A razão simbólica, a razão do mito* 87
       4.6.2. *Na raiz da racionalidade* 88
       4.6.3. *A evolução da racionalidade simbólica* 89
   4.7. A modo de conclusão 91

5. **A evolução da consciência humana vista a partir dos mitos** 93
   5.1. A "relação primordial" ou a urdidura do ser humano 94
   5.2. Os estádios mitológicos na evolução da consciência 98
       5.2.1. *A fase urobórica* 99
       5.2.2. *A Grande Mãe* 101
       5.2.3. *A separação do mundo dos Pais* 105
       5.2.4. *O mito do herói* 105
       5.2.5. *O mito da transformação* 108
   5.3. O mito como expressão do inconsciente colectivo 110

ÍNDICE

5.4. O retorno do mito do tesouro escondido 111
    5.4.1. *Histórias para despertar o si mesmo* 112
    5.4.2. *Contos populares, eu e o Mistério* 113

6. **Mito e cultura** 115
    6.1. Uma visão arquetípica do desenvolvimento da humanidade
    (E. Neumann) 116
        6.1.1. *O predomínio da consciência e da cultura patriarcal* 116
        6.1.2. *A neurose do nosso tempo: a opressão da cultura matriarcal* 117
        6.1.3. *A descoberta do inconsciente criativo e as reduções da modernidade* 120
    6.2. Uma teoria sacrificial da cultura (R. Girard) 121
        6.2.1. *As origens da violência social* 121
        6.2.2. *O mecanismo vitimatório* 123
        6.2.3. *A grande ruptura histórica: por uma cultura não sacrificial* 125
    6.3. O fundo mítico de toda a cultura (G. Durand) 126
        6.3.1. *A noção de "aquífero semântico"* 126
        6.3.2. *O dinamismo do mito na sociedade* 128
    6.4. As raízes mitológicas da cultura cristã ocidental 130
    6.5. O amor no Ocidente: a invasão do erotismo no século XX
    (Denis de Rougemont) 131
    6.6. Modernidade e mito 134
        6.6.1. *A mitificação da ciência ou a "dialéctica do Iluminismo"* 134
        6.6.2. *Mito e ideologia no século XX* 136
    6.7. Reflexões finais 137
        6.7.1. *A inevitabilidade do mito* 137
        6.7.2. *Mito e diagnóstico sócio-cultural* 138
        6.7.3. *O duplo conceito de mito utilizado* 138
        6.7.4. *Desmitologização e remitologização* 139
        6.7.5. *O sentido da vida* 140

7. **Mito, religião, filosofia e ciência** 143
    7.1. O mito já é Iluminismo 143
    7.2. As origens do pensamento ocidental 145
    7.3. A filosofia supera o mito? 146
        7.3.1. *É possível a fundamentação dos "primeiros princípios?* 146
        7.3.2. *A riqueza filosófica do mito* 149
    7.4. Mito e religião 151
        7.4.1. *Mitologia e religião* 151
        7.4.2. *A desmitologização na religião* 153
    7.5. Mito e ciência 156

  7.5.1. *Da metodologia à cultura* 156
  7.5.2. *Uma ciência não logo-mítica* 158
 7.6. O duplo processo racional 159
 7.7. Os problemas de uma nova mitologia 161

PARTE III:
O RETORNO DO MITO

8. A actualidade ambígua do mito 165
 8.1. Uma moda que vem de longe 165
  8.1.1. *O niilismo consumado* 168
  8.1.2. *Ocultação ou revitalização do mito?* 169
 8.2. As condições de um retorno 170
  8.2.1. *Uma epistemologia débil* 170
  8.2.2. *A consciência da indisponibilidade* 171
  8.2.3. *O imaginário sobre-explorado* 172
 8.3. Vínculo social e mito 174
  8.3.1. *O polimitismo actual ou a debilidade de Hermes* 174
  8.3.2. *A busca do essencial ou o reflexo de Fausto* 176
  8.3.3. *Esgotamento e nostalgia do radicalismo dionisíaco* 178
 8.4. Precisamos de uma "nova mitologia"? 179

9. Urgência da mito-logia 181
 9.1. A realidade proteica do mito 181
 9.2. A experiência humana de ruptura e desgarro 182
 9.3. O sentido, a tarefa do mito 183
 9.4. O carácter relacional do mito 184
 9.5. A verdade mito-simbólica 186
 9.6. Mito e logos 187
 9.7. O esquecimento actual do sentido 189
 9.8. Retorno ou assunção do mito? 190

BIBLIOGRAFIA 191

Títulos publicados nesta colecção 201